이제는
매혹적인
대화법이
이긴다

왜 그 사람의 말은 행동하게 할까?

이제는
매혹적인
대화법이
이긴다

대화전문가 이정숙 지음

🌱 나무생각

"왜 그 사람의 말은 나를 자발적으로 행동하게 할까?"

한 분야만으로는 경쟁력을 가질 수 없는 지식 융합 사회가 되었다. 여러 분야의 전문가들이 각자의 전문 분야를 공유하는 것은 물론 타 분야 전문가들과도 지식을 공유하고 통섭해서 기발하고 창의적인 사업으로 발전시킨다. 온라인과 오프라인을 동시에 가동시켜 어떤 천재적인 사람의 탁월한 아이디어로도 혼자라면 도저히 만들어낼 수 없는 창의적이고 폭발적인 규모의 경제를 만들어내는 시대라 할 수 있다.

처음 만난 사람 간에도 금세 의기투합해서 새로운 사업을 시작하거나 투자를 결정하기도 한다. 첫 대면에서도 의견만 맞으면 친한 친구 사이보다 많은 아이디어와 의견이 오갈 수 있고 대형 프로젝트의 파트너가 될 수 있는 것이다.

이 시대에는 언제 어디서나 남의 눈을 잡아끌어 대화하고 싶게 만드는 사람들이 그런 일을 선도하는 세상의 주역이 된다. 사람들은 그런 사람들을 '매력 있다' 혹은 '매혹적이다'라고 평가한다. 그들은 딱히 빼어난 미모를 가졌거나 잘 알려진 유명 인사가 아닌데도 주변에 항상 많은 사람들이 몰려든다. 곁에 있으면 그의 전화는 쉴 새 없이 벨이 울리고, 그가 말하면 거부하지 않고 그의 말대로 행동하는 사람들도 많다. 사업 파트너를 만나는 것도 이들에게는 훨씬 쉽다.

이런 사람들은 모임에서도 다른 사람들의 머리에 유독 깊은 인상을 남긴다. 그 사람과 오가며 잠깐 스쳤을 뿐인데 그의 팔을 붙들고 찻집으로 가서 마주 앉아 담소를 나누고 싶게 만든다. 그 사람이 어려운 부탁을 하면 내 몸 돌보지 않고 들어주고 싶어진다.

도대체 그런 매력은 어디에서 오는 것일까? 달변이나 화려한 수사에 능해야 하는 것일까? 그렇지 않다. 그들은 단지 '매혹적인 대화법'을 잘 알 뿐이다. 나만 돋보이게 하거나 생존경쟁에서 이기게 만들어주는 대화 기술을 한 차원 넘어서는 대화법을 구사할 줄 안다는 것이다. 매혹적인 대화의 저변은 신뢰와 진정성이 떠받치고 있다. 따라서 그리 특이한 것도 어려운 것도 아니다. 누구나 조금만 그 방법을 알면 쉽게 실천에 옮겨 변화된 사회의 주역이 될 수 있다.

우리 사회는 빠르게 수직적 구조에서 수평적 구조로 바뀌고 있다. 수직적인 조직에서는 수단과 방법을 가리지 않고 상위층으로 올라가기만 하면 타인의 눈에 잘 띄게 된다. 그러나 수평적인 조직에서는 상위층도 대화의 품격이 남다르고 매력이 있어야 타인의 주목을 받을 수 있고, 예전에는 큰 주목을 받지 못하던 하위직에서도 대화에 능한 사람이라면 얼마든지 다른 사람들의 눈에 띌 수 있다. 다양한 첨단 기술과 엔터테인먼트 사업이 결합하면서 사람들의 주변에는 재미있는 것들이 넘쳐나고 있다. 손 안에 항상 휴대하는 기기 안에도 온갖 진귀하고 재미있는 이야깃거리들이 흘러넘친다. 그러나 눈과 귀가 바쁜 요즘 시대일지라도 말 몇 마디로, 글 몇 문장으로 사람들의 시선을 사로잡을 수 있다. 매혹적인 대화법은 상대의 눈과 마음을 사로잡고, 말 몇 마디로 상대를 내 편으로 만들고, 그를 행동하게 만드는 마력을 갖고 있기 때문이다.

필자도 그동안 여러 대화법을 소개했고, 최근 외서 등 다른 분들의 대화법 관련 저서들도 무수히 쏟아져 나왔다. 그래서 이제는 한 단계 업그레이드된 '매혹적인 대화법'에 도전할 수 있는 분들이 아주 많을 것이라고 생각한다.

생각이 삶으로 옮겨지듯, 말 역시 삶으로 옮겨진다. 매혹적인 대화법에 관심을 갖는 것만으로도 이 책이 독자 여러분에게 매혹적인 인생을 안겨드릴 것임을 확신한다.

2014년 4월

이정숙

4장__ 모두가 공유하는 매혹적인 대화법의 사례

행동을 이끌어내는 매혹의 달인

5장__ 매혹적인 VS 매혹적이지 않은

내 이야기를 먼저 꺼낸다

타인의 문화에 대해 긍정적인 언급을 먼저 한다

나만의 대화 콘텐츠를 만든다

사소한 용어도 신중히 선택한다

반드시 대화 매너를 지킨다

언어의 생물적 본성을 이해한다

위축되지 않고 당당하게 말한다

원색적 표현을 한다

내 비밀을 타인이 휘두르게 한다

남의 눈치를 보며 말한다

사소한 결정도 본인 위주로 내린다

논쟁을 싸움으로 변질시킨다

의견이나 신념을 나타내기 위해 단정적 표현을 한다

대화 중 스마트폰을 계속 들여다본다

노골적으로 자기 홍보를 한다

1장

가슴에 남는
매혹적인 대화법

fascination

'매혹'과 '매력'은
어떻게 다른가

'매혹'은 타인으로 하여금 누군가의 말에 끌리게 하는가, 거부하게 하는가를 결정짓는 그 무엇이다. 매력 있는 사람의 말에는 누구나 쉽게 매혹을 당한다. "그 사람 참 매력 있어"라고 말하는 것은 그 사람이 뭔가 사람의 마음을 잡아끄는 힘을 가지고 있다는 말과 같다. 그런 매력은 어디에서 오는 것일까?

먼저 '매혹'과 '매력'부터 구분해 보자. '매혹'이란 단어는 영어로는 'fascination'이고, 라틴어로는 '파스키나레fascinare'이다. 어원을 살펴보면 '주문을 걸다'라는 뜻을 내포하고 있다. 이 말은 중세 시대의 마녀들이 말로 세상 사람들의 소원을 이루도록 해준다는 데서 나온 말이다. 'bewitch'라고도 한다. 귀신에 홀린 것같이 자기 의지를 잃고 누군가의 말대로 끌려간다는 뜻이다.

'사로잡다'라는 의미를 가진 'captivate'는 '무엇인가를 잡는다cap=take'는 말에 '언급된 특질을 부여하다ate'가 합쳐진 말이다. 형용사형인 'captivating', 'captivative'는 '매혹적인', '매력 있는', 명사형인 'captivation'은 '매혹', '매료', '매력'이다. 'captivator'는 '매력적인 사람'을 뜻한다. 결국 'fascination'과 'captivate'는 모두 '귀신에 홀린 듯 끌린다'는 뜻을 담고 있다.

한자로 '매혹魅惑'의 '魅' 자는 뜻을 나타내는 '鬼귀신 귀'에 발음 요소인 '未아닐 미'가 합쳐진 '도깨비 매' 자를 쓴다. '魅' 자는 '매료魅了'나 '매력魅力' 등에도 쓰인다. 역시 '도깨비처럼 끄는 힘'을 가졌다는 말이다.

이처럼 '매혹'은 동서양을 막론하고 마치 귀신에 홀린 것처럼 상대방을 자기 마음대로 조종할 수 있는 상태를 말한다.

다시 말해서 '매력'이란 '도깨비처럼 끄는 힘'을 말하고, '매혹'은 그렇게 유혹하여 빠져들게 하는 것이다. "저 사람 참 매력 있다"를 넘어 "저 사람 말은 다 옳아"의 수준에 이르는 것을 말한다.

요즘 매혹적인 말 몇 마디로 깐깐하기로 이름난 부자들의 지갑을 열어 세계적 규모의 자선 사업을 하는 사람이 있다. 바로 할리우드 배우 안젤리나 졸리다. 그녀가 단순히 육감적인 할리우드 인기 배우라서 부자들이 저개발국과 분쟁국을 돕는 기금을 서로 더 내려고 지갑을 여는 것은 아니다. 그런 것으로 따지자면 그녀 못지않은 미모로 인기를 누리는 할리우드 배우는 많다. 안젤리나 졸리가 그런 배우들과 다른 점은 바로 매혹적인 화법에 능하다는 것이다.

안젤리나 졸리는 그동안 캄보디아, 타히티 등 재난 피해가 심한 나라의 아이들을 입양해 키우면서 사회운동에 발 벗고 나섰다. 지금은 시리아 등 분쟁 지역을 돕는 일에도 큰 영향력을 행사한다. 2012년에는 유엔난민기구UNHCR 특별 대사로 선임되었고, 다음

해인 2013년 6월 24일에는 유엔 안전보장이사회안보리에서 전쟁 지역 성폭력 근절에 대한 연설을 했다.

안보리가 합의할 어려운 문제가 많다는 것을 알지만, 전쟁 성폭력 범죄 문제를 최우선으로 둬야 합니다. 전쟁 도구로 자행되는 성폭행은 안보 공격이며, 성폭력 범죄가 발생하는 국가에는 절대 평화가 있을 수 없습니다. 안보리가 성범죄를 최우선 과제로 삼는다면 모든 국가가 하나가 되어 문제 해결에 진전이 있겠지만, 그렇지 않다면 성폭력에 대한 공포는 계속될 것입니다…(중략)…분쟁 지역 내 성폭행 피해자들은 성폭력 피해자이기도 하지만, 성폭력 범죄를 처벌하지 않는 문화의 희생자이기도 합니다. 이는 슬프고 화나는, 정말 부끄러운 현실입니다.

안젤리나 졸리는 이 연설로 유엔 안보리 회원국 대표들의 마음을 움직여 성폭력 범죄 근절과 궁극적 예방을 위한 '안전보장이사회 결의안 2106'을 만장일치로 채택하게 만들었다.

그녀는 마지막에 분쟁 지역 내 성폭력 피해자들은 성폭력 범죄를 처벌하지 않는 문화의 희생자이기도 하다며 "이는 슬프고 화나는, 정말 부끄러운 현실"이라는 자신의 생각을 덧붙였다. 그리고 안보리가 반드시 불처벌impunity을 종식시키는 방안을 내놓아야 한다고 강하게 주장했다.

안젤리나 졸리의 화법은 경험담, 주장 그리고 청중들이 행동에 옮겨야 할 실천 방법 등으로 구성된다. 물론 밑바탕에는 재난 지역의 아이를 입양하는 등의 실천하는 삶으로 보여준 그녀의 진심이 깔려 있고, 이를 바탕으로 형성된 신뢰가 있다. 그녀는 모든 내용을 또박또박 목소리를 높여 정확하게 전달했다. 그녀만의 매혹적인 화법이다. 먼저 경험담을 섞어 감성에 호소하면서도 객관적으로 묘사하고, 자기주장을 강조한 후, 청중이 어떤 일을 어떤 순서로 실행해야 하는지에 대한 지침을 명확하게 제시한다.

대개는 말을 잘하는 사람들도 종종 자기 감정에 휘둘려 문제의 본질을 객관적으로 짚지 못하고 감정적으로만 말하는 경우가 있다. 이때는 감동은 주지만 듣는 사람이 감동의 결과를 어떤 방법으로 행동에 옮겨야 할지를 정확히 말하지 않아 결과물을 거두지 못하기 쉽다. 반면, 안젤리나 졸리는 행동 지침을 명확히 말해 부자들이 즉각 지갑을 열지 않을 수 없도록 한다.

직장에서도 직무에 태만하거나 자주 지각하는 직원에게 일일이 화를 내기보다 그런 행동이 가져온 당사자의 불이익, 그런 말을 하는 당신의 느낌, 당사자가 차후에 해야 할 행동 지침을 함께 전달해야 거부감을 주지 않고 실천으로 연결된다.

매혹이란
무엇인가

'매혹fascination'은 앞에서 설명했듯이 '도깨비처럼 끌어당겨 상대를 유혹하는 것'이다. 한마디로 타인을 내 말대로 조종할 수 있는 힘이다. 사람이 가진 힘 중 가장 신비롭고 거대한 힘이기도 하다. 사람들을 말 몇 마디로 자발적으로 따르게 하는 힘과 견줄 만한 것은 없다.

매혹이란 무엇인가? 인간의 본능을 움직여 저절로 행동하게 하는 힘이다. 그 힘은 인간의 본능을 움직여야 나온다.

인간은 동물적 본능을 타고난다. 한편, 이성을 가졌기에 남의 눈을 의식하고 그 본능을 안으로 감추려고 한다. 그러나 내면에서 항상 밖으로 표출할 기회를 엿보고 있다. 그런 본능의 스위치를 조종하면 누구나 쉽게 매혹을 당한다. 본능의 주요 스위치는 욕망, 희망, 공포, 명성, 힘, 악덕, 신뢰 등이다. 이 스위치들을 어떻게 움직여서 타인의 마음을 훔칠 수 있을지 알아보자.

욕망

사람의 마음에는 여러 종류의 욕망이 도사리고 있다. 가장 잘 자극되기 쉬운 욕망으로는 성욕, 식욕, 복수심, 경쟁심, 명예욕 등이 있다. 인기 많은 영화나 드라마는 이러한 인간의 욕망을 자극하는 데, 내면에 감춰둔 욕망을 등장인물들을 통해 대리 만족시키는 방식이다. 종종 예술가들도 이런 인간의 심리를 작품에 능숙하게 반영한다.

정신분석학의 아버지 프로이트는 1921년에 이미 의사와 환자 사이에 발생하는 일종의 '매혹'이 최면을 유도한다고 주장했다. 또 사람과 사람 간의 '애정'은 성적 욕망에 불을 질러 상대방을 '최면' 상태로 몰아넣는다고 말했다. 프로이트는 욕망을 자극해 최면 상태로 만들면 옳고 그름에 대한 판단을 내리기 전에 나쁜 일에도 즉각 순응하게 된다고 결론지었다. 프랑스의 철학자 뱅상 데콩브도 "유혹은 타자를 진리에서 벗어나게 하는 것"이라고 말한 바 있다.

매혹에 빠지게 만드는 유혹의 문제 역시 고대부터 많은 사람들의 관심거리였다. 덴마크의 철학자 키에르케고르는 《유혹자의 일기》에서 "유혹에 있어 단 하나의 실패는 자신이 상대방에게 얽매이는 것이다. 진정한 카사노바는 여자를 욕망하지 않는다. 욕망되어지기를 욕망할 뿐이다"라고 했다.

이런 욕망에 기대어 가짜 만병통치약, 부동산 사기, 부유층의 섹스 스캔들 등이 주목을 받는 것이다. 대체로 인간 내면에 도사리고 있는 이 본능적 욕망을 감추지 않고 미화하거나 잘 이용하면 사람들의 시선을 끌거나 마음을 움직이는 데 성공할 수 있다.

희망

인간의 삶에 희망이 없었다면 금세 멸종되었을 것이다. 인간은 본성적으로 희망이라는 것을 지니고 있어 사는 것이 죽기보다 힘겹고 고달파도 수백만 년을 살아남을 수 있었다. 따라서 사람은 누구든지 희망을 이야기하면 쉽게 매혹당한다.

대부분의 종교는 인간에게 희망을 이야기해 오래 존속될 수 있었다. 인간이 가장 두려워하는 죽음에 희망의 색채를 입힌 것이다. 일찍부터 인간은 사후 세계에 대한 희망으로 종교를 발달시켰을 뿐만 아니라 이를 원동력으로 삼아 일생을 열심히 산 덕분에 지금과 같은 눈부신 문명을 이룰 수 있었다. 그 희망이 원시사회부터 이어진 잔혹하고도 잦은 전쟁, 배신, 폭력, 질투, 가난, 배고픔, 추위, 더위 등을 모두 견딜 수 있게 해주었다.

오래된 신화들은 이것을 잘 설명하고 있다. 널리 알려진 그리스 신화를 예로 들어보자. 그리스 신화의 장소적 배경은 신들이 사는 올림포스 산이다. 그 산 위에서 열두 명의 신이 인간처럼 사랑하고, 질투하고, 배신하고, 다투며 산다. 인간과 신의 다른 점은 신은 영원히 죽지 않으며 전지전능한 힘을 가졌고, 인간은 신들의 그런 힘을 부러워한다는 점이다. 그래서 신화는 인간이 신들의 미움을 사지 않도록 조심하고 바르게 살다 죽으면 신들의 세상인 올림포스 산으로 옮겨갈 수 있음을 암시한다. 그리스 사람들은 그 희망

덕분에 바위투성이 섬들로 이루어진 척박한 땅을 일구어 지금까지 면면히 이어지는 인류 문명의 근원을 이룩할 수 있었다.

그리스에 이어 서방세계의 문명을 구축한 로마 사람들 역시 비슷한 신화를 믿었다! 사후에 신들의 세계로 갈 수 있다는 희망으로 온갖 고통을 견디고 피로 얼룩진 전쟁을 일삼았다. 그 결과 유럽을 통일하는 것은 물론, 인근 아프리카와 중앙아시아 일부까지 차지하고 거대 제국을 이루기도 했다.

로마제국 중반에 전 유럽을 휩쓸며 나타난 기독교는 아예 사후 세계를 천국과 지옥으로 나누었다. 기독교보다 몇백 년 먼저 생긴 불교에서도 사후 세계를 극락과 지옥으로 나누었다. 사람들은 더욱 확고한 믿음으로 사후 세계에 대한 희망을 키우고 더욱 충실한 삶을 살아서 문명의 꽃을 활짝 피워냈다. 이는 서양의 위대한 건축, 예술 그리고 과학과 정치적 발전으로 이어졌다.

최근의 영화, 드라마, 문학작품 등도 인간이 갈구하는 희망을 환상으로 그리면 대부분 성공한다. 미국의 영화감독 우디 앨런의 〈미드나이트 인 파리 Midnight in Paris〉는 세계인이 파리라는 도시에 품은 환상을 자극해서 큰 인기를 얻었다. 큰 줄거리는 작가 지망생인 주인공이 1930년대의 파리로 시간 여행을 떠나는 내용이다. 시대적으로 헤밍웨이, F. 스콧 피츠제럴드 같은 소설가들을 비롯해 피카소, 달리 등의 미술계 거장들이 파리에서 활동하던 때다.

영화는 주인공이 매일 밤 이들과 함께 파리의 이름난 명소들에서 시간을 보내는 모습을 보여준다. 관객들은 영화를 통해 자기들도 똑같이 하고 싶다는 희망을 품고 파리 관광에 나섰다.

최근 큰 인기를 누린 영화들은 폭력, 판타지 등 장르 불문하고 스토리 안에 밝은 세상을 만들 수 있다는 희망을 담고 있다. 영화 〈아바타〉가 좋은 예라 하겠다.

이처럼 희망은 사람들을 매혹하는 중요한 스위치다. 매혹적인 대화를 하려면 생활 속에서 비난이나 비판, 지적은 삼가고 희망을 제시하고 격려를 하는 게 좋다.

공포

어느 날 한 학부모가 나를 찾아와 상담을 요청했다.

"저희 남편은 아이들에게 공포 분위기를 조성해 말을 듣게 하는 방법이 유용하다며, 아이들이 할 일을 미루면 그때마다 무섭게 다그쳐요. 하지만 저는 아이들이 마음의 상처를 입을까 봐 아주 못마땅해요."

공포를 자주 사용하면 영향력이 약화되고 적개심만 키울 수 있다. 우리 사회에서 공포가 잘 통하지 않는 이유도 이미 너무 남용해서 더 강한 공포가 아니면 자극이 되지 않기 때문이다. 그러나 독약이 때로는 명약이 될 수 있듯이 꼭 필요한 순간에 조성한 공

매혹이란 인간의 본능을 움직여 저절로 행동하게 하는 힘이다.

포는 상대를 매혹시킬 수 있다.

공포감을 주는 단호한 경고는 상대방이 누구건 간에 말을 잘 따르게 하는 단발적인 효과가 있다. 그러나 남용하면 매혹의 힘이 급격히 쇠락한다. 공포성 경고는 급박한 상황이나 결단을 촉구하는 경우에만 사용해야 매혹의 스위치가 될 수 있다. 마치 독약을 처방하여 병을 치료하듯 말이다.

유능한 쇼핑호스트들은 소비자에게 공포를 은근히 주입해서 엄청난 판매고를 올린다. 그들은 나긋나긋하고 상냥한 목소리로 상품 설명을 한 뒤, 조금 빠르고 높은 목소리로 '곧 ○○ 색상, ○○ 규격 등 일부 품목이 품절된다'며 '빨리 주문하지 않으면 더 이상 이 가격에 구매할 수 없을 것'이라는 일종의 공포감을 조성한다. 이때 소비자 구매율이 가장 높다고 한다.

공포를 남용하면 대화 회피와 분노로 이어지기 쉽다. 공포는 매혹적인 만큼 후유증도 많다. 꼭 필요한 순간에만 사용해야 한다.

유능한 쇼핑호스트들을 벤치마킹하면 공포를 적절하게 이용해 매혹적으로 대화하는 요령을 익힐 수 있을 것이다. 그들은 상품을 설명하는 사이사이에 음악을 띄우고 상품 사진을 보여주면서 소비자로 하여금 자발적으로 결정한다는 기분이 들게 한다. 물론 공포로 인한 긴장감이 느슨해지지 않도록 곧 품절될 것이라는 경고를 짧막하게 반복해 소비자들이 구매 결정을 미적거리지 않도록 다잡는 것도 잊지 않는다.

공포는 가정에서도 상대방을 내 영향력에서 벗어나지 못하도록 매혹시키는 데 이따금 사용할 수 있다. 그러나 자녀가 공부를 게을리할 때 부모가 빈번하게 강력한 경고를 함으로써 공포감을 조성하는 것은 효과가 없다. 부드러운 목소리로 은유적이지만 단호하게 경고하면 결과가 크게 달라진다. 예를 들어 인생이 힘들다며 어깨를 축 늘어트린 자녀, 후배, 제자에게는 톨스토이의《인생이란 무엇인가》를 인용하며 인생의 어려움에 대한 공포감을 은밀하게 조성해서 메시지를 더욱 효과적으로 전달할 수 있다.

톨스토이의《인생이란 무엇인가》에 나온 이야기야. 한번 들어볼래?
어떤 젊은이가 길을 가다가 숲에서 뛰어나온 사자 한 마리를 만났어. 위기에 처한 젊은이는 칡넝쿨을 잡고 근처에 있던 우물 안으로 급하게 몸을 피했지. 그런데 칡넝쿨에 매달려 아래를 보니 우물은 말랐고, 바닥에 독사들이 우글거리고 있었어! 위에서는 사자가 내려다보며 으르렁거리고, 아래에는 독사가 우글거리는 그야말로 사면초가인 상황이었지. 그런데 설상가상으로 젊은이가 매달려 있는 넝쿨마저도 우물 벽을 타고 온 검은 쥐와 흰 쥐가 갉아먹고 있었어.
밤과 낮을 상징하는 검은 쥐와 흰 쥐는 번갈아가며 나타나 젊은이가 매달린 생명줄을 야금야금 갉아먹었지. 톨스토이는 이 절체절명의 위기 상황을 인생이라고 말하고 있어.

그런데 이야기는 여기서 끝나지 않아. 이 심각한 상황에 처한 젊은이가 하늘을 쳐다보니 우물곁에 있는 큰 나무의 가지에 벌집이 하나 매달려 있었어. 벌집에서 꿀이 넘쳐흘러서 우물 안으로 뚝뚝 떨어졌지. 젊은이는 자신의 처지도 잊고 그 꿀을 받아먹으며 태평스럽게 "아, 달다! 달아!" 하고 감탄했어.

톨스토이는 단맛에 취해 자신이 얼마나 심각한 위기에 처해 있는지를 잊고 칡넝쿨에 매달려 있는 어리석은 모습이 바로 인생을 사는 인간의 모습임을 말하고 있는 거야.

이런 설명은 매우 부드럽고 은유적이지만 충분히 공포감을 느끼게 할 수 있다. 실제로 듣는 이는 이야기를 통해 인생이 얼마나 힘든지 깨닫고 더 이상은 어리광을 부리지 않을 것이다. 이와 같은 부드럽고 은유적인 공포심은 매혹의 중요한 기제로 쓰이고 있다.

명성

"호랑이는 죽으면 가죽을 남기고 사람은 죽으면 이름을 남긴다" "내가 누구인 줄 알아? 나 ○○○이야" "내 이름에 먹칠하고 싶지 않아" 등의 잘 알려진 말은 명성에 대한 인간의 본능이 얼마나 강한지를 설명한다.

외국 학계의 어떤 조사에 의하면 사람은 명성을 얻기 위해 최소한 39.5년을 투자하고, 손가락이나 발가락이 부러지는 희생도 감수한다고 한다. 그만큼 명성에 대한 인간의 열망이 큰 것이다.

최근에는 명성과 부의 관계가 더욱 밀접해짐으로써 명성의 매력도가 더욱 높아졌다. 사소한 물건 하나라도 구매하기 전에 반드시 그 물건을 써본 사람들의 평판을 확인한 후에 구매한다. 의사, 변호사 등 전문직의 도움이 필요할 때에도 명성 높은 사람을 찾으려고 애를 쓴다.

명성을 얻으면 매혹적인 대화가 쉽다. 명성은 존재 증명이다. 자신의 명성이 미약한 사람도 상대방의 명성을 인정함으로써 매혹적인 대화를 나눌 수 있다. 예컨대 딱 한 번 만난 사람을 다시 만나 "○○○ 씨 아니세요?" 하고 반갑게 맞으면 상대방은 자기의 명성을 알아주는 당신에게 마음을 열고, 대화도 호의적으로 받아들일 것이다. 명성을 얻거나 인정하면 매혹의 힘은 더욱 강해진다.

힘

인간은 태초부터 힘에 대한 갈망이 매우 컸다. 오랫동안 공존해온 맹수들은 물론, 작지만 인간을 위협하는 전갈, 독거미 등의 생명체도 너무 많았기 때문이다. 강한 힘에 대한 갈망을 키운 것도 그 때문이다. 팔을 좀 더 길고 강하게 만들려는 갈망으로 칼과 창을 발명했고, 힘세고 빠른 다리에 대한 열망으로 야생동물이던 말을 길들였다.

태초의 다른 생물에 비해 개체 수가 적고 세력이 약했던 인간은 전 세계로 활동 무대를 확산시키는 동안 힘센 동물과 독을 가진 곤충, 자연재해의 힘에 맞서야 했다. 뼛속 깊이 힘의 위력에 시달려온 인간은 자신의 힘을 기르려고 노력하는 한편, 막강한 힘을 만나면 굴복함으로써 생명을 지켜왔다. 그 경험이 역사적으로 쌓이다 보니 낯선 이를 만나면 그의 힘이 센지, 약한지부터 가늠했다. 상대에게서 힘이 느껴지면 자세를 한껏 낮추고, 어떤 간단한 말에도 따를 준비를 하는 것이다.

힘에 대한 사람들의 갈망을 꿰뚫어 보고 말 한마디로 단번에 전 국민을 사로잡고 세계사를 뒤흔든 사람이 있다. 바로 제2차 세계대전을 일으킨 독일의 나치 총통 아돌프 히틀러다. 그가 역사에 남긴 오점이 크지만, 매혹적인 말로 독일 국민들을 사로잡아 권력을 거머쥐었음은 부인할 수 없다.

당시의 독일은 100개가 넘는 작은 공국들로 나뉘어져 있다가 간신히 통일이 되었다. 통일 직후에는 유럽에서 가장 가난했고, 국가적 자부심이나 애국심도 크지 않았다. 히틀러는 독일 국민들에게 자신이 나라를 이끌면 어느 강대국 못지않은 강력한 독일을 만들 수 있다고 주장함으로써 독일 국민의 애국심에 불을 지폈다. 그는 항상 꼿꼿이 세운 허리, 거만한 표정, 그리고 다소 선동적인 높은 목소리로 청중들을 흥분시켰다. 그 덕분에 젊은 나이에 대통령과 국무총리를 겸한 총통 자리에 오를 수 있었다. 그렇다면 히틀러는 어떤 말로 독일 국민들을 매혹시켰을까?

물론 나는 알고 있다. 행복한 사람만이 타인의 호감을 산다. 행복한 사람의 목소리는 귀에 거슬리지 않고 그의 얼굴은 깨끗하다. 정원의 나무가 기형인 것은 토양이 나쁘다는 것을 말해준다. 그런데 지나가는 사람들은 나무를 기형이라고 비난한다. 어쩔 수 없는 노릇이다. 나는 푸른 조각배나 해협의 한가로운 돛을 보지 않는다. 내가 보는 것은 어부의 닳을 대로 닳은 어망뿐이다. 왜 나는 땅 한 평 없는 40대의 허리 굽은 농부에 대해서만 노래하는가? 처녀들의 가슴은 옛날처럼 따뜻한데, 나의 시에 운율을 맞추면 그 주제는 겉멋을 부리는 것처럼 생각된다. 나의 내부에서 싸우고 있는 것은 꽃으로 만발한 사과나무에 대한 도취와 저 칠장이의 연설에 대한 분노다. 후자만이 나에게 펜을 잡게 한다. 독일의 지성이여, 귀를 잘라라. 그렇지 않으면, 그렇지 않으면 혀를 깨물어라.

히틀러가 현역 군인 시절에 템펠호프에서 이런 연설을 하자 그곳에 모인 독일 국민들은 열렬한 박수를 보냈다. 히틀러는 그 열기가 식기 전에 그 자리에서 나치를 만들고 엄청난 당원을 확보했다. 또 그것을 발판 삼아 정권을 장악하고 세계대전까지 일으켰다. 히틀러뿐만 아니라 스탈린, 마오쩌둥 등도 힘에 대한 사람들의 갈망을 이용해 국민의 큰 지지를 모으고 세계사를 흔들 기반을 만들었다. 사실 세계사를 좌지우지한 콘스탄티누스 대제, 나폴레옹, 칭기즈칸, 율리우스 카이사르 등의 걸출한 인물들은 모두 힘을 기제로 하여 사람들을 매혹시키고 세계사를 바꾼 인물들이다.

악덕

막장 드라마는 지금으로부터 2천 년 전에도 항상 비난의 대상이었다. 그러나 사실 막장은 수많은 사람들을 매혹시키고 늘 화제의 중심에 있다. 셰익스피어 시대에도 《헨리 5세》 같은 작품성 있는 문학은 잘 팔리지 않고, 《로미오와 줄리엣》, 《맥베스》 같은 당대 지식인들이 막장 드라마라고 지탄하던 희곡들이 전 유럽을 휩쓸며 인기를 모았다. 푸치니의 오페라 〈나비 부인〉, 〈라 보엠〉 역시 당대 지식인들에게 막장 드라마라고 저평가받았다. 그러나 그런 비난에도 아랑곳하지 않고 관중들은 막장 드라마에 열광했다. 그래서 지금도 클래식으로 승격된 오래된 막장 드라마가 전 세계를 돌며 반복적으로 인기리에 공연되는 것이다.

요 근래 우리나라 최고 인기 드라마 역시 막장 드라마다. 과거

서양에서 그랬던 것처럼 언론과 평론가들의 비난이 빗발친다. 그러나 사람들은 욕을 하면서도 시청률에 일조하고 있다.

막장 드라마의 인기가 이처럼 변함없이 이어지는 이유는 무엇일까? 인간의 내면에 악덕을 저지르고 싶은 충동이 내재되어 있어서다. 인간에게는 금기를 깨트리고 싶은 충동이 있다. 그런 인간의 원초적 본능은 성경의 아담과 이브가 하느님이 절대로 따먹지 말라고 엄하게 명령한 금단의 열매를 따먹고 타락한 것에도 잘 드러나 있다.

성경에는 이와 비슷한 이야기들이 많다. 살로메의 이야기도 그중 하나다. 살로메는 어머니의 사주로 헤롯 왕 앞에서 춤을 춘 뒤, 세례 요한의 목을 선물로 달라고 하였다. 19세기의 영국 작가 오스카 와일드는 살로메를 더욱 악덕한 인물로 각색해 연극 무대에 올렸는데, 이 연극은 뼛속까지 기독교 신앙을 지니고 살던 당대 유럽인들의 마음을 단번에 사로잡았다.

이처럼 강한 금기일수록 건드리면 더 무섭게 폭발해 사람들을 쉽게 매혹할 수 있다. 예컨대 사춘기 아들은 "야동 보면 혼나!"라고 하는 아버지의 호통보다 "아빠도 너만 할 때 포르노 잡지를 봤지"라는 말에 더 끌린다. 아버지 스스로 부모 몰래 포르노 잡지를 본 상황을 극적으로 묘사해 들려주고, 끝 부분에 살짝 "나중에 생각해 보니 너무 어릴 때 그런 것을 봐서 성을 잘못 이해하게 돼 한

참 고생했다" 정도만 덧붙이는 것이다. 그렇게 되면 공감대를 형성하는 것은 물론, 자식의 마음까지 쉽게 얻을 수 있다. 숨겨진 악덕을 살짝 건드리는 것만으로 자식과의 대화도 매혹적으로 변할 수 있다.

신뢰

만약 친구와 강가에 앉아 담소를 나누면서 '언제 저 친구가 나를 강으로 밀칠까?' 하고 의심한다면 마음이 불안해서 친구의 말이 한마디도 귀에 들어오지 않을 것이다. 사람은 믿었던 사람에 대한 신뢰가 무너지면 더 큰 상처를 받는다. 한자로 살펴봐도 믿을 '신信' 자는 사람 '인人'에 말씀 '언言'을 붙인 글자다. 영어권에서도 한번 자기가 한 말을 어기면 모든 신뢰가 무너진다는 뜻으로 "He is by his word"라는 말이 널리 쓰인다. 신뢰할 수 없는 사람의 말은 어떤 현란한 말이라 할지라도 귀담아들을 수 없다.

영화 〈대부〉의 주인공 돈 코를레오네는 마약상들이 마약 사업에 투자해 달라고 찾아왔을 때 큰아들 소니가 그들을 우호적으로 대하자 자신도 우호적인 태도를 취했다. 하지만 마약상들이 돌아간 뒤 돈 코를레오네는 아들을 호되게 나무랐다. 아버지는 마약 사업에 관심이 없고, 아들은 관심이 있다는 것을 경쟁 조직들이 눈치채면 둘 사이를 이간질할 뿐만 아니라, 아버지 대신 아들을 비즈니스

파트너로 삼아 자기 조직의 이익을 취하리라는 판단 때문이었다.

영화에서 돈 코를레오네는 이탈리아 시실리에서 미국으로 이민 와 엄청난 부자가 되었으며, 정치권까지 영향을 끼칠 정도의 거물이 된 인물이다. 그는 이탈리아 이민자들이 도움을 요청하면 자립할 수 있도록 도움을 주고 갖가지 문제들을 해결해 주어 '대부The Godfather'라는 별명을 얻기에 이르렀다. 그러나 돈 코를레오네는 당시 마피아들이 주력했던 마약 사업에는 투자하고 싶지 않았다. 돈 코를레오네의 투자를 받지 못하면 다른 사람들의 투자도 어려울 것을 간파한 마피아들은 결국 돈 코를레오네와 그의 아들 소니의 관계를 이간질하여 투자를 받고자 하였으나 그마저 여의치 않자 청부 살인자들을 고용해 돈 코를레오네를 길거리에서 저격했다. 가장이 큰 총상을 입자 탄탄하던 그의 가문은 서서히 쇠락의 길을 걷기 시작했다.

이처럼 자수성가한 돈 코를레오네가 아들에게 가장 강조한 것은 신뢰였다. 신뢰가 한번 무너지면 작은 틈새로도 큰 파멸을 가져올 수 있다. 일상생활에서도 상대방이 만나자는 약속을 지킬지 안 지킬지, 돈을 갚기로 약속한 날 정말로 갚을지 안 갚을지 믿을 수 없으면 그와 가급적 멀리하는 것이 낫다고 생각한다. 그런 경우 그와 대화를 할 때도 귀를 기울이지 않고 일단 거부하거나 무시하게 된다. 따라서 매혹적인 대화를 원한다면 가장 먼저 신뢰부터 쌓아야 한다.

신뢰의 바탕은 언행일치다. 부모가 자식에게 한 약속을 지키지 않으면서 자식에게 이런저런 대화를 시도하는 경우가 있다. 그러나 이 경우, 자식들은 부모 말에 매혹되기는커녕 잔소리로 여기거나 아예 듣지도 않으려고 할 것이다. 경영진이 분식 회계로 자기 이익만 챙기면서 회사 발전에 대한 화려한 수사를 늘어놓는다면 직원의 입장에서 어떻겠는가? 직원들은 경영진의 말에 매혹당하기는커녕 그를 이중인격자라며 비웃을 것이다. 역사적으로 커다란 오점을 남긴 히틀러나 스탈린도 스스로 자기가 주장하는 바를 행동으로 보여 사람들의 신뢰를 얻고 난 후에 화려한 수사로 사람들을 설득했기에 그토록 어마어마한 지지를 받을 수 있었다. 사람의 마음을 사로잡는 모든 매혹의 스위치들은 신뢰를 바탕으로 할 때 더욱 강력하다. 신뢰는 마음의 문을 여는 가장 강력한 열쇠이기 때문이다.

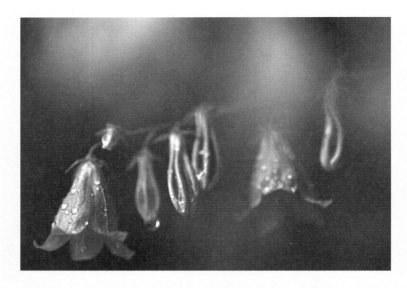

모든 매혹의 기제들은 신뢰를 바탕으로 할 때 더욱 강력하다.

|

역사는 거의 모든 지도자, 세상을 바꾼 영웅, 그리고 한 사회를 주
도하거나 적어도 한 그룹 안에서 큰 업적을 남긴 사람들이 하나같
이 매혹적인 대화의 달인들이었음을 보여준다.

그렇다면 현재는 어떠할까? 다매체 시대인 지금은 매혹적인 대
화법이 더욱 중요해졌다. 예전에 비해 모임도 많고, 면접이나 프레
젠테이션 등도 많아 첫마디로 듣는 이의 마음을 사로잡아야 존재
감을 인정받을 수 있다.

사실, 서양에서는 이미 기원전부터 매혹적인 말솜씨가 곧 리더
십이었다. 서양 문명의 기초를 만드는 데 기여한 소크라테스, 아
리스토텔레스, 카이사르, 루이 14세, 나폴레옹, 영국의 리처드 1세
등은 매혹적인 대화법을 사용하여 많은 논쟁들을 이겨냈다. 그리
하여 세상을 바꾸고 큰 업적과 이름을 남김으로써 오늘날까지 명
성이 전해지고 있다.

요즘에는 대중매체가 더욱 발달해 매혹적인 대화법에 능하지
못하면 전혀 존재감을 드러낼 수 없다.

2011년, 아카데미 시상식에서 4관왕을 하며 우리나라에서도 화
제를 모은 할리우드 영화 〈킹스 스피치〉의 주인공은 현재 영국 여

왕인 엘리자베스 2세의 아버지 조지 6세다. 이 영화는 조지 6세의 대중 연설 공포증 극복기를 다뤘다. 그는 라디오 연설을 해야 할 때마다 "라디오라는 괴물이 생겨 나를 고통스럽게 한다"라며 불편한 심기를 감추지 못했다. 조지 6세는 마이크와 라디오가 없던 이전 시대의 왕들처럼 광장이 내려다보이는 궁전 발코니에서 미소를 지으며 손만 흔들어주면 좋겠다고 생각했다.

이전까지는 왕의 발코니 연설이 국가 위기 상황에서 국론을 통합하는 데 대단히 중요한 역할을 해왔지만, 라디오가 생긴 이후에는 그 역할이 라디오로 옮겨갔다. 조지 6세는 왕의 자격과 자질을 충분히 갖추었지만 말솜씨가 부족하다는 이유로 왕위를 이어받기까지 귀족들의 반대에 시달려야 했다. 그래서 왕비의 권유로 대중 연설 공포를 해결하기 위해 백방으로 노력했으나, 유명한 여러 전문가들을 거치고도 효과가 없었다.

그러다 마침내 스피치를 단순히 스킬 문제로 보지 않고, 심리적 문제부터 근본적으로 해결하도록 유도하는 언어 치료사를 만났다. 언어 치료사의 헌신과 스스로의 피나는 노력으로 마침내 조지 6세는 당대 최고의 연설가인 처칠도 인정할 만한 매혹적인 연설 능력을 갖추게 되었고, 그 중후함과 성실함으로 국민으로부터 큰 사랑을 받았다.

지금은 보통 사람들도 온·오프라인을 넘나들며 언제 어디서나 낯선 사람을 만나 대화할 기회가 많고, 업무적으로도 경쟁 프로젝트 등에서 격렬한 반론에 직면할 때가 많다. 대화법이 그만큼 중요해졌다는 말이다. 반면에 매혹적으로 말할 줄 알면 자신의 존재를 알릴 기회도 매우 많아졌다는 의미이기도 하다. 지금이야말로 매혹적인 대화 기술을 갖추어야 원하는 삶을 살 수 있는 세상인 것이다.

분위기 하나가 사람을 강력하게 끌어당길 수 있다.

나는 얼마나
매혹적인 사람인가

|

사람들은 사춘기 이후부터 한눈에 반할 만한 사람을 기다린다. 그런데 한눈에 반한다는 것이 꼭 외적인 조건만 말하는 것은 아니다. 어떤 특징이나 분위기 하나가 사람을 끌어당기는 것이다.

　대체로 매혹적인 사람을 만나면 그 사람을 중심으로 그의 주변이 갑자기 환해지는 느낌을 받는다고 한다. 낯설고 서먹하던 사람들 사이에 활기가 돈다. 그렇다면 어떤 사람이 매혹적일까? 우선 성격이 활달한 사람이 매혹적이다. 그들은 처음 본 사람에게도 스스럼없이 다가가 말을 붙이고 마치 오랜 친구처럼 편안하고 일상적인 대화를 이끌어낼 줄 안다. 남들이 꺼리는 일도 먼저 나서서 척척 해결하고, 남들이 슬슬 뒤로 빠지며 책임을 회피하더라도 탓하지 않는다. 착한 것과는 별개다. 짜증이나 불평불만으로 주변 분위기를 어둡게 만들지 않고 늘 밝은 얼굴로 좋은 에너지를 발산하는 것이다.

　사실 매혹과 외모 사이에 깊은 관계는 없다. 외모로 나를 첫눈에 혹하게 만든 사람이 실망스러운 태도를 보이거나 신뢰할 수 없는 행동을 보이면 더 큰 실망을 하게 돼 그 사람이 가진 매력이 신기루처럼 사라진다. 오히려 키 작고 평범한 외모를 가진 사람이 첫

회식 자리에서 노래를 기가 막히게 잘 부르거나, 부서 내에서 솔선수범하여 일을 하거나, 한번 약속하면 반드시 지키거나, 어려운 문제에 봉착했을 때 당황하지 않고 척척 해결하는 등의 반전 매력을 보여줄 때 많은 사람들이 매혹당한다.

여기서 잠깐 당신의 매혹 점수를 매겨보고 강점과 약점을 파악해 보자. 매혹적인 대화법을 익히기 위한 첫 단계다.

다음 질문을 살펴보고 자신은 어떤 경우인지 체크해 보자.

1. 처음 본 사람들이 당신에게 자연스럽게 다가와 말을 거는가?

　① 항상 그렇다　　　② 그런 편이다　　　③ 가끔 그렇다
　④ 그런 적이 별로 없다　　⑤ 전혀 그렇지 않다

2. 당신이 영화, 소설, 시사 등에 관한 잡다한 수다를 떨면 주변 사람들이 궁금해하며 몰려드는가?

　① 항상 그렇다　　　② 그런 편이다　　　③ 가끔 그렇다
　④ 그런 적이 별로 없다　　⑤ 전혀 그렇지 않다

3. 당신의 말이나 행동, 생각이 사람들에게 잘 받아들여지는가?

　① 항상 그렇다　　　② 그런 편이다　　　③ 가끔 그렇다
　④ 그런 적이 별로 없다　　⑤ 전혀 그렇지 않다

4. 당신은 직장, 친목 모임, 가정에서 재미있는 논쟁 거리를 만들고 대화를 활성화시키는 편인가?

  ① 항상 그렇다　　　　② 그런 편이다　　　　③ 가끔 그렇다
  ④ 그런 적이 별로 없다　⑤ 전혀 그렇지 않다

5. 당신의 사고방식이나 라이프스타일이 트렌드 리더에 가깝다고 생각하는가?

  ① 항상 그렇다　　　　② 그런 편이다　　　　③ 가끔 그렇다
  ④ 그런 적이 별로 없다　⑤ 전혀 그렇지 않다

6. 당신은 다른 사람들을 깜짝 놀라게 하는 반전 매력을 보여준 적이 있는가?

  ① 항상 그렇다　　　　② 그런 편이다　　　　③ 가끔 그렇다
  ④ 그런 적이 별로 없다　⑤ 전혀 그렇지 않다

7. 당신이 말하면 팥으로 메주를 쑨다고 해도 주위 사람들이 믿어주는 편인가?

  ① 항상 그렇다　　　　② 그런 편이다　　　　③ 가끔 그렇다
  ④ 그런 적이 별로 없다　⑤ 전혀 그렇지 않다

8. 당신은 새로운 시술이나 유행을 남들보다 먼저 받아들이는 것을 좋아하는가?

   ① 항상 그렇다   ② 그런 편이다   ③ 가끔 그렇다

   ④ 그런 적이 별로 없다   ⑤ 전혀 그렇지 않다

9. 당신은 스스로를 자랑스럽게 생각하는가?

   ① 항상 그렇다   ② 그런 편이다   ③ 가끔 그렇다

   ④ 그런 적이 별로 없다   ⑤ 전혀 그렇지 않다

10. 당신은 처음 본 사람에게 오랜 친구처럼 스스럼없이 다가가서 말을 거는 편인가?

   ① 항상 그렇다   ② 그런 편이다   ③ 가끔 그렇다

   ④ 그런 적이 별로 없다   ⑤ 전혀 그렇지 않다

각 항목마다 ①번에는 10점, ②번에는 8점, ③번에는 6점, ④번에는 4점, ⑤번에는 2점을 주어 모두 합산한다.

나의 점수는 (   )점이다.

당신은 매우 매혹적입니다.

당신의 점수가 80점 이상이라면, 당신은 매우 매혹적인 사람이다. 주변에 사람이 많이 꼬일 것이다. 설득이나 회유에도 잘 휘둘리지 않고 웬만하면 의견 피력에 성공할 것이다. 당신은 사람이 좋고 세상이 살 만한 곳이라고 느낄 때가 많을 것이다. 그러나 가끔 친구들에게 공주병 또는 왕자병이 있다고 놀림을 받을 수 있다. 자신감이 지나쳐 너무 독단적으로 변하거나 자기를 내세우면 당신이 가진 매력이 줄어들고 매혹의 힘도 반감될 수 있다. 그러나 타인이 믿을 만한 사람, 나를 너무 내세우지 않는 사람으로 생각할 만큼의 자신감만 내보인다면 누구나 내 편으로 만들 수 있는 매혹의 자질을 많이 갖고 있어 인생을 풍요롭게 살 수 있다.

당신은 매혹적인 편입니다.

당신의 점수가 60점과 80점 사이라면, 당신은 상당히 매혹적인 사람이지만 가끔은 외로움을 느낄 수 있다. 자신을 충분히 있는 그대로 사랑하지 못하는 사람이라고 할 수 있다. 자신을 있는 그대로 사랑하라. 타인에게 먼저 말을 걸고 새로운 트렌드를 앞장서서 받아들이려고 의도적으로 노력한다면 당신은 오래지 않아 무척 매력적인 사람으로 변할 것이다. 그렇게 되면 당신의 대화는 타인을 끌어당기는 자석처럼 매혹으로 가득해질 것이다.

당신은 보통입니다. 자신감을 가지세요!

당신의 점수가 40점과 60점 사이라면, 당신은 스스로 매력적이지 않다고 생각할 때가 종종 있을 것이다. 여러 사람이 모인 곳에서 소외감을 느낄 때도 가끔 있다. 사람들이 당신의 말을 귀 기울여 듣지 않아 화가 날 때도 있을 것이다. 가장 큰 문제는 하고 싶은 말이 있어도 망설이다가 적절한 타이밍을 놓치거나 해야 할 말을 제때 하지 못하고 "나는 왜 이럴까?" 하는 자책을 할 때가 많다는 것이다. 먼저 당신 스스로에게 애정을 갖도록 노력해 보길 바란다. 스스로 "나는 이런 건 못 해"라는 생각을 버리고 "나도 할 수 있다" 하고 최면을 걸어보라. 자신감이 회복되면서 언제 어디서나 매혹적인 대화를 할 수 있는 소양을 갖출 수 있을 것이다.

당신의 대화법에는 매혹이 필요합니다. 분발하세요!

당신의 점수가 40점 미만이라면, 당신은 스스로 자신이 매혹과는 거리가 멀다고 여길 것이다. 대화에서도 자기 생각을 분명하게 말하지 못하고 손해 본다는 느낌이 들지만 어쩔 수 없다고 포기하지는 않는가? 당신이 만약 미혼이라면 당신에 비해 전혀 나을 것이 없는 친구들은 연애도 잘하고 결혼도 잘하는데 나에게는 왜 그럴듯한 이성 친구가 생기지 않는지, 결혼은 하고 싶은데 왜 마땅한 인연이 없는지 고민할 수도 있다. 매혹의 진정한 의미를 알고 서서히 매력을 키우면 당신도 누구 못지않게 매혹적인 사람으로 변할 수 있다. 더 멋진 이성을 만나서 결혼도 하고 직장 동료나 친구들에게 인기를 얻을 수도 있다. 당신은 기본적으로 성실하고 신뢰가 가는 사람이니, 약간의 활달함을 보태면 누구나 끌리게 하는 매혹을 발산할 수 있다.

2장

매혹적인 대화로
무장하자

fascination

사람들의 강렬하고 즉각적인
감정 반응을 살펴라

|

역사를 뒤흔든 영웅들은 매혹적인 대화의 대가들이다. 그들의 말은 수많은 사람들의 가슴 한가운데를 화살처럼 꿰뚫고 확실하게 박혀 충성과 헌신을 이끌어낸다. 매혹적인 대화는 듣는 사람이 한 사람이건 천 명이건 또는 수천 명이건 간에 단번에 자신의 영향력 안으로 끌려오게 한다. 그래서 악인도 수많은 사람들의 영웅이 될 수 있다. 그렇다면 사람들을 그토록 순식간에 매혹하려면 어떻게 말해야 할까?

예수는 2,000년이 넘도록 세계적으로 가장 많은 사람들을 매혹함으로써 기독교를 존속시켰다. 예수의 말 중에 당시 사람들을 크게 매혹시킨 말은 "부자가 천국에 들어가는 것보다 낙타가 바늘귀로 지나가는 것이 더 쉽다"였다. 당시는 로마의 세력이 전 유럽과 일부 아프리카와 중동까지 미치고 있던 시대였다. 예수의 고향은 로마제국의 식민지였던 유대의 한 작은 마을이었다. 목수의 아들로 태어난 예수가 신분을 뛰어넘으며 그토록 많은 사람들을 매혹할 수 있었던 이유는 무엇일까?

당시의 로마는 수많은 식민지를 거느리고 있었으나, 사람대접을 받는 이는 오직 1%의 로마 시민권자뿐이었다. 시민권자가 아니면 억울한 일을 당해도 법정에 설 수조차 없었다. 단 1%의 시민들은 나머지 99%의 사람들을 지배하고 노예로 부렸다. 과한 노동으로 죽는 사람도 부지기수였다. 그러나 누구도 감히 부를 거머쥔 로마 시민권자들의 횡포에 대해 옳다 그르다 거론할 수 없었다.

그때 예수가 비유법을 사용하여 공개적으로 그들을 비난한 것이다. 그의 발언은 약자들 사이에 빠르게 퍼졌고, 로마 고위층과 유대 총독의 분노를 사기에 이르렀다. 힘 있는 자들이 서로 결탁해서 예수를 잔혹하게 처형했지만 많은 사람들이 예수의 말을 가슴에 새기고 하나의 종교 세력을 형성했다. 그 종교가 바로 기독교다. 로마제국은 이들의 세력화를 막고자 기독교 신자들을 박해했다. 그러나 기독교는 위축되기는커녕 전 유럽으로 빠르게 퍼져나갔다.

다른 사람들을 대신해 던지는 용감한 말은 매혹적으로 들린다. 요즘 우리나라 방송에서도 돌직구가 대세다. 돌직구로 던지는 말은 때로는 민망하고 상대를 당황하게도 하지만 속 시원하면서도 즉흥적인 반응을 엿볼 수 있어 큰 호응을 얻는다. 눈치를 보느라 너무 말을 골라 하면 대화가 매혹적이지 못하다. 처음에는 적당한 수위의 돌직구를 던지며 상대의 감정 반응을 살펴볼 필요가 있다. 그리고 상대가 강렬하게 반응하는 포인트를 찾아 대화를 이끌어야 한다.

매혹적인 VS 전혀 매혹적이지 않은

소심하게 상대의 눈치를 보기 바쁜 당신, 빙빙 돌려 말하다 보면 마주 보고 있는 시간이 아깝다. 과감한 돌직구로 상대의 감정 포인트를 찾아라. 상대의 마음을 관통할 만큼 당신과의 대화가 매혹적으로 느껴질 것이다.

매혹적인	전혀 매혹적이지 않은
• 나는 성격이 좀 많이 날카로운 편이야. 그래서 주변 사람들이 부담을 느낄 수도 있는데, 조금만 너그럽게 주변 사람들을 대할 수 있다면 좋겠어. 너는 어떤 편이니? • 혹시 마음 어딘가에 불안한 구석이 있니? 일에 너무 몰입하는 모습이 보여.	• 너는 다 좋은데 감수성이 좀 예민한 것 같아. 주변 사람들이 너보고 그렇게 얘기하지 않아? • 일에 대한 너의 열정이 부럽다. 하지만 매사에 건강도 조심히 하렴.
• 상대의 말에 집중함으로써 문제의 핵심을 빨리 간파한다. • 주변 사람들의 시선, 나의 평판에 지나치게 몰두하지 않는다. • 인신공격으로 느껴질 수 있는 발언보다는 상대의 마음속에 있는 말을 끄집어내는 데 집중한다. • 상대의 즉각적인 감정을 이끌어내려고 할 때는 스스로도 감춘 바 없이 털어놓을 용기가 있어야 한다.	• 주변 사람들의 시선이 두려워 말을 돌려 접근하려고 한다. • 상대에게 불만이 있어도 '좋은 사람'이 되고 싶은 마음에 솔직히 말하거나 평가하지 못한다. • 상대의 이야기만 듣고 자신의 이야기는 감추고 싶어 한다. • 상대와 비즈니스적인 관계만으로도 충분하다고 생각하며 사람 대 사람의 관계에 관심이 없다.

한 분야 이상의
전문적 식견을 갖추어라

노래방에서는 노래 잘하는 사람이 주목받고, 클럽에서는 춤을 잘 추는 사람이 단연 돋보인다. 현대인들은 하고 싶은 일, 알고 싶은 것이 정말로 많다. 조금만 부지런하면 적어도 한 가지에서는 남다른 식견을 갖기도 어렵지 않다. 적은 비용으로 내 집 인테리어 직접 바꾸기, 화분 가꾸기, 영양 만점 아기 간식 만들기, 해독 주스로 온 가족 건강 챙기기, 사진 잘 찍기, 내 손으로 집 짓기 등 셀 수 없을 만큼 많은 분야에서 빼어난 식견으로 타인을 매혹시키는 사람들이 있다.

요리 연구가 이혜정 씨는 요리 솜씨가 남다르다는 주변 사람들의 칭찬에 힘입어 전업주부에서 전문 요리 연구가가 되었고, '빅마마'라는 타이틀로 요리 프로그램을 하다가 유명인으로 발돋움했다. 그녀의 말은 매우 통쾌하여 시집이나 결혼 생활에 억눌려 사는 우리나라의 많은 여성들로부터 공감을 얻었다.

몇 년 전 전업주부 황혜경 씨는 '레테의 인테리어'라는 개인 블로그에 5만 원으로 할 수 있는 인테리어 방법을 소개하고, 직접 만든 소품들을 사진으로 게재함으로써 100만 명에 이르는 방문자 수를 기록했다. 한 출판사가 그 내용들을 책으로 엮어 내자고 제안해 출간한 책은 금세 베스트셀러가 되었다. 황혜경 씨는 그렇게 얻은 유명세로 강의를 다니고 인테리어 소품을 판매하는 인테리어 전문가로 부상했다. 그녀의 인테리어 아이디어가 집 안 꾸미기에 관심 있는 주부들을 매혹하기에 충분했던 것이다.

이들 뿐만이 아니다. 패션, 맛집 소개, 팝송 지식 등을 블로그에 올려 스타 반열에 오른 사람들도 많다. 자전거 고치기, 목재 소품, 전자 소품 만들기, 낚시 잘하는 법, 골프 잘 치는 법에 탁월한 식견을 가져 그 분야의 전문가로 제2의 인생을 사는 사람들도 많다. 인터넷과 소셜 미디어 영역이 확장됨으로써 자기만의 식견을 널리 알릴 수 있는 문턱이 낮아져서 기회도 늘었고, 거기에 매혹당할 사람들의 접근성은 좋아졌다. 스스로 자신의 관심사에 따라 보다 많은 지식을 가진 사람을 찾고, 교류를 하게 된 것이다. 단 한 가지라도 나만의 독보적인 영역을 만들면 언제든지 타인의 시선을 집중시킴으로써 매혹적인 소통을 할 수 있다.

넉넉한 베풂은 매혹의 주요한 기제다.

주려면 아낌없이
듬뿍 주어라

|

매혹적인 사람들은 절대 쩨쩨하지 않다. 베풀 때는 받는 사람이 깜짝 놀랄 정도로 듬뿍 베풀어 "정말로 제대로 대접한다"는 감동을 받게 한다. 주면서도 줄까 말까 해서 상대방을 불편하게 하거나 가급적 덜 주려고 깍쟁이 노릇을 하는 모습이 드러나면 타인을 매혹하기 어렵다. 듬뿍 베풀면 엄청나게 손해 볼 것 같지만 오히려 몇 배로 크게 돌아오는 경우가 더 많다.

미국의 인터넷 신발 쇼핑몰 자포스가 모범 사례다. 자포스의 CEO는 30대의 중국계 미국인인 토니 셰이Tony Hsieh다. 그는 직원, 고객 등 상대를 가리지 않으며 결정적인 순간에 상대방의 입이 떡 벌어지도록 베푸는 것으로 유명하다.

몇 년 전, 한 여성이 편찮으신 어머니에게 선물하려고 자포스에서 구두 한 켤레를 구매했다. 그런데 어머니의 병세가 악화되어 구두를 신어보기도 전에 세상을 떠나고 말았다. 어머니의 장례식을 마친 그녀는 자포스의 고객 만족 확인 메일에 "병든 어머니에게 드리려고 구두를 샀는데 어머니가 그만 돌아가셨습니다. 너무 갑작스러운 일이라 구두를 반품할 기회도 놓쳤네요. 이제 어머니가 안 계시니 구두를 반품하고 싶습니다. 반품 기간을 조금만 연장해

주시면 안 될까요?"라는 답장을 보냈다. 그러면서도 솔직히 반품이 될 것이라고는 크게 기대하지 않았다고 한다.

자포스의 반품 규정은 반품 기간 내에 고객이 물품을 택배로 보내오면 처리하는 방식이다. 그런데 자포스는 이 여성의 집으로 바로 택배 직원을 보내 반품 처리를 해주었다. 게다가 다음 날에는 위로의 글이 담긴 카드와 꽃다발도 배달되었다. 반품조차 크게 기대하지 않았던 이 고객은 큰 감동을 받고, 유명 포털 사이트에 자신의 사연을 소개하며 "감동 때문에 눈물이 멈추지 않았습니다. 제가 다른 사람의 친절에 약하기는 하지만, 지금까지 받아본 친절 중에 가장 감동적인 것이었어요. 혹시 인터넷에서 신발을 사려고 하신다면 자포스를 적극 추천합니다"라는 코멘트를 달았다.

사실 이 일은 회사 규정대로 이루어진 것이 아니다. 고객 만족도를 조사하는 직원이 자신의 재량으로 처리한 일이었다. 자포스의 CEO 토니 셰이는 직원들에게 일일이 이래라저래라 하지 않고 알아서 판단하고 결정할 재량권을 주고 있었다. 이러한 그의 소통 방식을 그대로 본받은 직원들이 처리한 고객 만족 사례가 무수히 늘어났다. 그 결과 자포스는 5년 동안 1,300%의 성장률, 75%의 재구매율, 그리고 창업 10년이 안 된 시점에 '연매출 10억 달러 돌파'라는 눈부신 성과를 올렸다.

토니 셰이는 원래 대학 졸업 후 작은 벤처 회사를 운영했는데,

직원이 1,500명 정도인 인터넷 신발 판매 회사가 경영난을 겪자 직접 인수하며 자포스를 설립했다. 그는 "자포스는 신발을 파는 것이 아니라 서비스를 판다"는 모토로 웃음이 넘치는 즐거운 직장, 직원과 고객 그리고 경영자 모두가 행복한 회사, 직원 한 사람 한 사람이 자신의 가치를 발휘할 수 있는 회사 만들기를 실천해왔다. 2010년에는 경제 전문지 〈포춘Fortune〉이 선정한 '일하기 좋은 100대 기업' 중에서 당당히 15위를 차지했고, 최근에는 세계적인 전자상거래 회사인 아마존에 12억 달러에 인수 합병되기도 했다. 물론 자포스의 CEO는 그대로다. 토니 셰이는 사람을 감동시키는 넉넉한 베풂이야말로 매혹의 주요한 기제임을 증명해 보였다.

나만의 유행어를
만들어라

개그맨들은 유행어를 못 만들어내면 꽤나 부끄러워한다. 개그맨
뿐만이 아니라 연기자나 유명인들도 유행어로 자신의 존재감을
각인시킨다. 이는 우리나라에서만 일어나는 현상이 아니다. 서양
은 원래 유명 저서의 한 문장이나 문단을 인용하는 것이 생활화되
어 있다. 인용문이 바로 저자들의 유행어인 셈이다. 저자들은 얼마
나 많은 사람들이 자신의 책에서 문구를 인용하느냐에 따라 유명
세와 지적 능력을 평가받는다.

특히 영상 미디어가 발달하면서 유행어가 그 역할을 톡톡히 하
게 되었다고 볼 수 있다. 2013년 하반기 해외 배낭여행 리얼 버라
이어티 쇼 〈꽃보다 할배〉의 인기가 높았다. 여기저기서 프로그램
에 출연한 노배우들의 사생활과 경력을 거론할 정도였다. 이때 매
번 빠지지 않고 등장한 것이 그들의 유행어였다. 이순재 씨의 "묻
지도 따지지도 않고", 박근형 씨의 "욕봐라", 신구 씨의 "니들이
게 맛을 알아?", 백일섭 씨의 "나는 곰이다" 등이 대표적 유행어로
거론되곤 했다. 그들의 유행어는 예전에 광고나 극에서 나온 말이
며, 프로그램의 흥행을 위해 일부러 새로 만든 말은 아니다. 그런
데도 그 말과 배우의 이미지를 동일시해서 프로그램에 탄력을 준

것이다. 그만큼 유행어의 매력이 크다.

유행어는 개그맨이나 배우들에게만 필요한 것이 아니다. 정치인, 기업인, 직장인, 자영업자 등 직업과 관계없이 자신만의 유행어를 만들어 퍼뜨리는 사람은 매혹적인 대화의 주인공이 될 수 있다. 특히 미국에서는 선거철마다 유행어를 만드느라 피가 마른다. 유행어 하나로 당락이 결정될 수도 있기 때문이다.

미국 최초의 흑인 대통령이며, 재선까지 성공한 버락 오바마는 첫 대통령 선거에서 "우리는 변할 수 있다We Can Change"라는 유행어로 인지도를 급상승시켰다. 경쟁당인 공화당이 이 유행어의 위력을 깎아내리려고 갖은 애를 다 썼지만 별다른 효과를 거두지 못했고, 오바마가 큰 표차로 승리를 거머쥐었다.

유행어는 단순하고 쉬워야 한다. 내용은 "맞아, 나도 그렇게 말하고 싶었는데"라고 수긍할 수 있도록 공감을 주어야 한다. 예를 들면 삼성 이건희 회장은 IMF 직후 "마누라만 빼놓고 다 바꿔야 한다"라고 말했는데, 그것이 큰 이슈가 되었다. 혁신을 단 한마디로 표현한 말이다. 국내 굴지의 기업 CEO들은 물론 정부, 일반 국민들까지 혁신만이 살길이라는 긴장감을 느끼며 이 말을 인용했다. 이건희 회장이 만든 이 유행어는 오늘날까지도 혁신의 대표적 인용어로 쓰인다.

연예인이나 정치인들은 얼마나 많은 사람들을 매혹하느냐에 따라 위상이 달라진다. 그래서 일부러 유행어를 만들어 인지도를 높이고 대중의 관심을 얻고자 한다. 하지만 일반인이라도 그들의 인기 비결을 벤치마킹하여 유행어를 한두 개라도 가지고 있으면 어느 자리에서건 매혹적인 대화를 할 수 있다.

유행어는 절대로 거창하고 심오한 말이 아니다. 누구나 생각하는 바를 가장 알아듣기 쉽게 말해 동시에 여러 사람의 공감대를 얻는 말이다. '개념녀', '개똥녀', '막말남' 같은 짧은 단어로 된 유행어도 많다. 유행어를 잘 구사하면 사람들에게 짧은 말로 깊은 메시지를 전달하는 사람으로 인식된다. 유행어 뒤에 깊은 사색이 있는 사람이라면 더욱 매혹적일 수 있다.

가급적 남의 입에
많이 오르내려라

"그렇게 하면 남들이 욕하지 않을까?", "남의 입에 오르내리면 어떡하지?", "그럼 남들이 흉본단 말이야"라는 말을 자주 하는 사람들을 살펴보자. 이들은 평범하고 무난하게 살 수 있다. 그러나 타인에게 매혹을 발산하기는 어렵다. 매혹은 타인의 눈과 귀를 사로잡는 힘에서 나온다. 그러려면 남의 입에 오르내리는 것을 개의치 말고 오히려 남의 입에 많이 오르내리는 것을 즐겨야 한다.

19세기 영국의 극작가 오스카 와일드는 당시 남의 입에 숱하게 오르내리고 살았다. 그러나 지금은 위대한 문학가이자, 남성복 댄디스타일의 창시자로 기억된다. 여러 비난과 소문, 루머가 살아생전의 그를 끊임없이 따라다녔다.

그가 활동하던 당시의 영국은 빅토리아 여왕의 치세 후반기였다. 빅토리아 여왕은 이른 나이에 남편을 잃은 청상과부로 종교에만 의지해 살았고, 항상 검은 드레스를 입었다. 그 영향으로 영국 여성들은 가급적 살갗이 보이지 않도록 옷의 단추를 목까지 꼭꼭 채우고 치맛자락이 땅에 끌려도 발목을 내놓지 못했다. 마차에 오르기 위해 치마를 걷어 올리다가 발목이라도 보이면 품행이 단정하지 못하다는 비난에 시달려야 했다. 남자들도 주로 검은 정장을

남의 입에 오르내리는 것을 두려워하지 말고 과감히 행동하라.

입었다.

그러나 오스카 와일드는 복장으로 남녀의 성 구분을 하는 것은 좋지 않다고 외치면서 몸에 꼭 끼는 파스텔 톤 양복에 공작 깃털로 장식한 모자를 쓰고 다녔다. 그러면서 여자들에게도 코르셋으로 신체를 억압하는 빅토리안 룩Victorian look의 답답한 드레스 대신 루즈 피트loose fit의 의상을 입어야 한다고 주장했다. 사회 분위기에 맞지 않는 그의 주장은 당연히 수많은 사람들의 비난거리였다.

그러나 오스카 와일드는 전혀 아랑곳하지 않고 작가가 본업인지 패션 전문가가 본업인지 의심스러울 정도로 복장 자유에 대한 파격적인 말과 기행을 계속 일삼아 남의 입에 수없이 오르내렸다. 심지어 1882년에는 미국으로 건너가 '남성복과 여성복의 개선 방안'이라는 주제로 순회강연을 하기도 했다.

오스카 와일드의 "예술이 인생을 모방하는 것이 아니라 인생이 예술을 모방하는 것이다"라는 말은 요즘 사람들까지 매료시킨다. 사실이다. 그가 19세기에 말한 대로 많은 대중들이 드라마 주인공을 모방하고 있다. 인기 드라마나 영화 주인공의 패션이 '완판'되는 것이 그 방증이다.

세상을 떠난 지 거의 반세기가 지났지만 이름값만 해도 어마어마한 프랑스의 패션 디자이너 코코 샤넬 역시 사람들의 입에 많이 오르내렸다. 그러나 그녀는 전혀 개의치 않았다. 코코 샤넬은 소뮈

르라는 프랑스의 산골 수도원 마을에서 자랐다. 당시에는 치렁치렁하고 리본 장식이 많은 드레스가 사교계에서 유행하는 최고의 패션이었다. 그런데 샤넬은 수녀복처럼 단순한 스타일의 드레스를 입고 파리 거리를 거닐었다. 샤넬이 화려한 공주 스타일을 최고로 치던 파리의 패션계에 단순한 디자인과 색상의 드레스를 내놓자 수많은 사람들이 그녀에 대해 입방아를 찧어댔다. 그러나 샤넬은 "예쁜 것과 아름다운 것은 다르다. 예쁜 것은 순간적인 것이고 아름다운 것은 영원한 것이다. 많이 꾸민 것은 예쁜 것이고, 꾸민 티가 나지 않고 자연스러운 것이 아름다운 것이다. 내면이 아름다워야 아름다움이 외면으로 드러난다"라고 외침으로써 패션 디자인 분야를 기술에서 예술로 격상시켰다.

이제는 남의 입에 오르내리는 것을 두려워하지 말고, 과감히 행동하길 바란다. 오스카 와일드처럼, 코코 샤넬처럼.

|

사람은 기대치가 어긋나면 심하게 긴장한다. 반전의 효과는 거기에서 온다. 매혹적인 사람들은 기대치를 반전시킨다. 예컨대 어수룩한 사람인 줄 알았는데 위기 상황에서 누구보다 똑똑하게 일 처리를 하는 사람, 지독한 구두쇠로 알고 있었는데 남몰래 자선사업을 열심히 하고 있는 사람이라면 누구든지 매력을 느낄 것이다. 사람마다 고정된 이미지가 있다. 가끔 그 이미지를 반전시켜 전혀 다른 모습을 보일 때 사람들은 깜짝 놀라기도 하고 순식간에 매혹당할 수도 있다.

힐러리 클린턴은 똑똑하고 영리한 여성으로서의 이미지가 강했다. 힐러리 클린턴이 남편 빌 클린턴과 자동차로 사막 여행을 할 때의 일화가 잘 알려져 있다. 한 주유소에서 힐러리의 남자 동창을 만났는데, 빌 클린턴이 힐러리에게 "당신이 저 친구와 결혼했다면 어땠을까?"라고 물었다. 그러자 힐러리가 아주 당연하다는 투로 "저 친구가 미국 대통령이 되었겠지"라고 말했다고 한다. 그녀의 강한 카리스마를 잘 보여준 일화라 할 수 있다.

그러나 사실은 어떠했는가. 알고 보니 남편의 바람기 때문에 결혼 생활 내내 속이 썩은 보통의 여인이었다. 이러한 반전은 그녀의 존재감을 도리어 부각시켰다. 전직 대통령이었던 빌 클린턴보다 인기가 더 높이 치솟았다. 그만큼 사람들은 반전의 매력이나 스토리에 쉽게 매혹이 되는 것이다.

힐러리는 영부인으로 백악관에 살 때, 심심하면 한 번씩 남편의 성 추문에 골머리를 앓았다. 그녀가 보통의 아내들과 다른 점은 남편의 바람이 전 세계적으로 공개된다는 사실이었을 것이다. 언론은 똑똑한 힐러리가 남편을 버릴 것이라고 떠들어대곤 했다. 그러나 힐러리는 전혀 다른 반응을 보였다. 기자들이 "남편 빌 클린턴을 어떻게 할 것인가?"를 집요하게 캐묻자 한마디로 뚝 잘라서 "빌은 세상에서 나를 가장 많이 웃게 해주는 남자예요"라고 말했다. 대단한 반전이었다. 그녀의 이 말 한마디에 대통령의 성 추문이 단번에 잠잠해졌다.

이 사건 이후 힐러리는 사고 친 남편을 용서하고 가정을 지킨 현명한 아내의 모습으로 이미지가 바뀌었고, 대중으로부터 또다시 큰 인기를 얻었다. 그 추세를 이어 남편의 임기가 끝나 백악관을 나오자마자 뉴욕 상원의원에 당선되었고, 오바마 정부에서 4년 내내 국무장관으로 일했다. 지금은 이렇다 할 라이벌 주자가 없는, 가장 유력한 대통령 후보로 거론되고 있다.

억울하게 악성 여론에 시달리거나 비난을 받더라도 남들의 예상을 뒤집고 정반대로 행동하면 반전의 묘미가 있다. 사람들은 기대와 다른 양상이 나타나면 당황하고 금세 시각을 바꾸는 특성이 있다. 부모 눈에 거슬리는 일을 해서 크게 야단맞을 줄 알았던 아이가 의외로 쉽게 용서를 받았을 때, 상사의 질책을 예상했는데 "그럴 수도 있어. 다음에 잘해 봐" 등의 위로를 받았을 때를 생각해 보라. 상대에 대한 거부감이 사라질 뿐만 아니라 그들의 말이 그대로 가슴에 와 닿으며 따뜻한 파문을 일으킬 수도 있다.

매혹적인 VS 전혀 매혹적이지 않은

예상을 뒤집는 반전, 의외성은 때로 마음을 훔치는 작용을 한다. 상식을 뛰어 넘는다는 것은 상대가 생각하는 상식, 영향력을 벗어난다는 뜻이다. 뻔한 반응, 뻔한 대답이 아닌 반전의 반전으로 상대의 시선을 잡아보자.

매혹적인	전혀 매혹적이지 않은
〈하청 업체의 실수를 발견했을 때〉 · 어이쿠, 원숭이도 나무에서 떨어질 때 가 있다더니! 참 인간미가 넘치네요.	〈하청 업체의 실수를 발견했을 때〉 · 아니, 이게 몇 번째입니까? 일을 이렇 게 허술하게 하면 다음부터는 거래처 바꿀 겁니다.
〈밤늦도록 자지 않는 자녀에게〉 · 잠이 안 오니? 엄마랑 밤새도록 영화 나 보는 건 어때? 잠자는 것도 스트레 스다, 그치?	〈밤늦도록 자지 않는 자녀에게〉 · 아직도 잠을 안 자니? 그래 놓고 내 일 하루 종일 비실댈 거지? 10분 내로 자! 알았지?
· 현실에 안주하려고 하지 않고 자신의 생각, 삶도 끊임없이 반전시킨다. · 상대가 예측하는 '나'보다는 상대가 다 시 돌아볼 만큼 예상 외의 '나'를 보여 준다.	· 내 존재감이 드러나는 게 싫어 언제나 상식선에서만 움직인다. · 매너리즘에 빠져 생활도, 정신도 나태 함을 벗어나지 못한다.

매혹적인 말이
꼭 세련된 말은 아니다

|

직장과 가정을 병행하느라 구두 축이 부러져라 뛰어다니며 생활하는 워킹맘의 사연이다. 아이 챙기랴, 살림하랴, 주변 동료들과 경쟁하랴, 상사 눈치 보랴, 야근하랴, 정신없이 뛰어다니다 시댁 제사를 잊고 말았다.

어찌할 바를 모르고 있다가 시댁 어른을 만난 자리에서 솔직하게 "제가 제사를 지나고 나서야 기억했어요. 어쩌죠?"라고 말하자 시댁 어른은 "괜찮다. 매년 돌아오는 제사이니 내년에 지내면 되지"하며 너무나 쉽게 짐을 덜어주었다.

워킹맘에게는 이 말이 세상에서 가장 멋진 말로 들렸다. 일일이 자신의 상황을 설명하지 않았어도 모든 것을 이해한다는 듯이 툭 털어 마음의 부담을 날려버리는 한마디였다. 워킹맘은 그 순간 '정말 멋진 말이다. 나도 나중에 며느리가 제사를 잊으면 이렇게 한마디 해서 마음의 짐을 날려주어야지'라고 결심했다고 한다.

매혹적인 말은 생명이 있다. 그 생명은 2대, 3대까지 전해질 수 있다. 상대의 상황을 헤아리고 마음의 짐을 덜어주는 대화는 참으로 매혹적이다.

3장

매혹적인 대화로
단번에 사로잡자

fascination

현대인을 위한 매혹적인 대화법

—

현대인들은 신新 유목인으로 불릴 만큼 이동이 잦다. 이웃에 함께 오래 산 사람일지라도 그가 어떻게 살아왔고 그의 가족이 누구인지 알기 어렵다. '그를 믿어야 하는가', '그에게 일을 맡겨도 되는가' 등을 결정할 만한 데이터도 제대로 잡히지 않는다. 그와 대화를 나눠보고 짐작할 수밖에 없다.

따라서 현대인에게는 처음 만난 사람이나 잘 알고 지내는 사람과의 관계 속에서 말로 신뢰를 얻는 능력을 갖는다는 것은 엄청난 자산을 소유하고 있는 것과 같다.

취업, 상급 학교 입학 면접, 프레젠테이션, 보고, 지시, 제안, 설득 등에서도 듣는 사람의 마음을 어느 정도 사로잡느냐에 따라 일의 성패와 삶의 질이 달라진다. SNS를 통해 자신의 브랜드, 상품, 서비스 등을 간편하게 알림으로써 부를 이룰 수도 있는 지금 이 시대에는 매혹적인 대화가 성공의 여부를 가늠할 척도가 된다.

그렇다면 어떤 말로 어떻게 전달해야 상대를 단번에 사로잡을 수 있을까? 지금부터 현대인을 위한 매혹적인 대화법의 특징을 알고 실천해 보자.

광고 카피처럼
말하라

|

운전 중이었다. 밖은 혹한으로 꽁꽁 얼어붙었다. 라디오를 틀자 허참 씨 목소리가 교통 방송을 통해 흘러나왔다. 청취자들에게 오늘의 추위를 여덟 자로 적어 보내라는 내용이었다. "신호등도 얼었나 봐", "귀 떨어질 것 같다네", "추워 죽는 줄 알았네" 다들 기발했다. 문자가 많이 온 모양이었다. 줄줄이 많은 문자들이 소개되었다. '다들 참 기발하네. 딱 여덟 자에 맞춰 추위를 저토록 실감나게 표현하다니'라고 생각했다. 특히 "신호등도 얼었나 봐"가 가슴에 꽂혔다.

　문득 미국에서 학교에 다닐 때 '500단어로 써오기' 같은 숙제를 한 생각이 났다. 서툰 영어로 정해진 단어 수에 맞춰 글을 쓰기는 정말 어려웠다. 장황하고 길게 쓰거나 말하는 것은 누구나 할 수 있으니, 단문 표현 훈련을 시킨 것 같다. 숙제를 하면서 단어 수에 맞추어 생각하고 표현하기의 어려움을 절실히 깨달았다. 문득 방송에서도 청취자들에게 이런 과제를 자주 내면 좋겠다는 생각이 들었다. 열심히 참가하면 말하기 훈련이 저절로 될 것 같아서다.

　본성적으로 할 말이 많은 것이 인간이다. 말할 자유가 확대되자 공기만큼 많은 말들이 우주를 채운다. 버스, 지하철, 정류장, 카페

할 것 없이 잠시의 시간이라도 주어지면 와글와글하다. 심지어 지구 반대편 사람에게도 SNS 등을 통해 하고 싶은 말들을 쏟아낸다. 이러니 웬만큼 괜찮은 말이 아니면 홍수처럼 쏟아지는 말들에 깔려 흔적도 남지 않는다. 더 자극적이고 귀에 착 감기는 말만이 한순간이라도 관심을 받는다. 그런 까닭에 대화의 기술이 더욱 중요해진 것이다. 말하기에 어눌한 사람에게는 더욱 고민스러운 시대인 것이다. 그러나 평소에 매혹적으로 말하는 사람들을 잘 관찰해보면 고민 해결이 요원하기만 한 것은 아니다.

발표의 달인 스티브 잡스의 신제품 발표 방법은 많이 알려져 있다. 다른 관점으로 소개하자면, 스티브 잡스의 표현력이 주목받는 이유가 몇 가지 있다. 그중 가장 대표적이고 중요한 요소는 광고 카피처럼 말하는 것이다. 그는 직원들에게도 짧은 문구로 격려하곤 했다. 매킨토시를 개발할 때는 "출시 전까지는 끝난 게 아니다", "타협하지 마라", "해군이 되느니 해적이 되자"라고 말했다. 그는 간결하지만 오래 기억에 남는 광고 카피 같은 문구를 제품 발표회에서 특히 즐겨 사용했다. 그래서 그의 말은 소비자들의 뇌리에 오래 남을 수 있었다.

애플의 제품 발표회에서는 항상 대형 화면에 인상적인 문구들이 소개된다. 아이팟iPod은 '1,000곡의 노래를 당신의 주머니 속에', 맥북 에어MacBook Air는 '세계에서 가장 얇은 노트북', 아이패드iPad는 '가장 발전된 기술로 만들어진 매력적이고 혁명적인 기기를 놀라운 가격에'라는 문구를 사용했다. 간결하지만 광고 카피처럼 감각적인 문구들이다. 애플이 지향하는 특징을 한눈에 보여주는 콘셉트라 할 수 있다.

한번 들으면 절대 잊혀지지 않는 짧고 강렬한 말은 귀에 착착 감긴다. 어려운 현상을 쉽게, 장황한 것을 간단하게 하는 것이 매혹적인 말이다. 텔레비전 등 영상 미디어를 그냥 흘려 보지 않고 그들의 카피를 벤치마킹하면 이 방법을 어렵지 않게 배울 수 있다.

최근 뇌 과학자들이 밝힌 바에 따르면, 인간의 두뇌는 검색어 단위로 끊어 기억하고 반응한다고 한다. 광고 카피처럼 말하려면 말을 아끼고 불필요한 말을 생략하는 습관을 가져야 한다. 하고 싶은 말을 모두 적은 다음 간결하게 압축하는 훈련을 해보는 것도 좋다. 광고 카피에서 가장 마음을 사로잡는 부분을 찾아보는 연습도 필요하다. 이런 과정을 거치며 훈련하다 보면 서서히 광고 카피처럼 간단하면서도 임팩트 있는 말을 할 수 있게 된다. 이는 요즘 같은 소셜 미디어 시대에 가장 중요한 말하기 방법이기 때문에 필히 체득하여 사용해 보길 권한다.

매혹적인 VS 전혀 매혹적이지 않은

내 입에서 나가는 말을 상품이라고 치자. 돈으로 값을 매긴다면 얼마나 될까? 많이 내뱉으면 모두 상품 가치가 있을까? 단 한마디라도, 짤막한 문장 하나라도 광고 카피처럼 사람들의 뇌리에 깊이 뿌리내릴 수 있어야 제대로 된 값을 받을 수 있다.

매혹적인	전혀 매혹적이지 않은
• 이 책 속에 내 마음이 전부 가지런히 담겨 있어. • 김 부장님 희끗한 머리에 마음 한 켠이 아려옵니다.	• 이 책은 내가 최근에 크게 감동을 받은 책이야. 사람들도 다 좋다고 하더라고. 너도 한번 읽어볼래? • 김 부장님, 요새 신경 쓰시는 일이 많으세요? 흰머리가 많이 났어요!
• 매스컴, 책, 광고 등에 늘 촉각을 세우고 좋은 문구를 기억해 둔다. • 오감을 활짝 열고 사람들이 어떤 부분에 매료당하는지 눈여겨본다. • 장황한 설명보다는 짤막하면서도 감각적인 언어를 구사하도록 노력한다.	• 자신이 맡은 일을 처리하는 것만으로도 충분히 피곤하기에 다른 데 눈을 둘 여유가 없다. • 다른 사람들의 관심사에 그다지 주목하지 않는다. • 장황하면서도 지루한 설명으로 상대를 따분하게 만든다.

영상 화법으로
말하라

|

스티브 잡스 스피치의 또 다른 장점은 '보여주기'다. 스티브 잡스는 듣는 것보다 보는 것을 더 임팩트 있게 느끼는, 인간의 기본적이며 생물학적인 특성을 적극 활용한다. 직원들의 보고서도 그림이 들어가야 좋아했다. 달변가이면서 직접 이미지를 보여주는 것을 병행해서 더욱 매혹적으로 청중을 사로잡는 것이다.

스티브 잡스는 신제품 시연을 할 때마다 직접 제품을 보여주는 방법을 택하는데, 이때도 치밀한 계산을 한다. 1984년, 처음 매킨토시를 발표할 때는 네모난 가방에서 길쭉한 매킨토시를 꺼내 컴퓨터를 가방에 넣어 다닐 수 있음을 보여주며 사람들의 이목을 집중시켰다. 아이팟 나노를 발표할 때는 안주머니에서 제품을 꺼내 크기가 작은 것을 강조했다. 맥북 에어는 서류 봉투에서 꺼내 맥북 에어 특유의 얇은 두께를 강조했다.

스티브 잡스의 '보여주기'를 다른 말로 '영상 화법'이라고 할 수 있다. 상품을 보여줄 뿐만 아니라 듣는 사람이 머릿속에서 곧바로 그림으로 전환할 수 있는 감각적인 말을 선택하는 화법이다.

당신은 말주변이 걱정되는가? 영상 화법을 익혀보라. 말주변이 현격히 업그레이드될 것이다.

말주변 업그레이드에 참고할 만한 사람 한 명을 소개하겠다. 배우다. 유명 배우는 아니고, 단역으로 영화 몇 작품에 출연했다. 외모가 뛰어나지도 않고 젊지도 않다. 그런데도 지상파 연예 토크 프로그램 게스트 자리를 수년간 차지하고 있다. 바로 50대 중반의 남자 배우 조형기 씨다. 그의 생명력은 단연 영상 화법이다. 청소년 시절 도시락 반찬을 둘러싼 남학생들의 유치하면서도 치열한 혈투, DJ가 음악을 틀어주던 다방의 풍경 등 아주 사소한 사건일지라도 영화 필름 돌리듯 실감 나게 묘사할 줄 안다. 시청자들의 생각은 그의 말을 따라 금세 추억의 장소로 이동해서 "맞아, 그때는 그랬어"라며 저절로 고개를 끄덕인다.

조형기 씨 말고도 탁월한 외모나 경력 없이 연예 토크 프로그램에서 장수하는 연예인들은 짧은 시간 안에 단 몇 마디 말로 시청자의 머릿속에 영화 필름을 하나씩 돌린다. 방송가에서는 그런 사람을 '방송을 안다'라고 평가한다. 듣는 즉시 그림으로 전환하기 쉬운 영상 화법은 익명의 사람들을 사로잡아야 하는 방송에서 가장 선호하는 화법이다.

방송에 출연할 것도 아닌데 우리에게 영상 화법이 왜 필요한지 물을 수도 있다. 일반인에게도 영상 화법은 가장 설득력 있는 화법이다. 방송은 익명의 대중을 더 많이 설득해야 살아남는 업종이다. 대중을 상대로 말해서 공감을 얻거나 행동을 바꾸도록 유도하는 것이다. 그래서 대중매체들은 대중과 소통할 수 있는 방법을 가장 치열하게 연구한다. 따라서 그들이 발견한 대화법이야말로 어디서나 잘 통하는 대화법일 수밖에 없다.

영상 화법을 단기간에 배우려면 소설을 많이 읽는 것이 좋다. 무라카미 하루키의 소설들을 보면 배경음악에 불과한 클래식 음악 한 곡에 대한 묘사를 서너 페이지나 할애하며 감성적인 부분까지 정밀하게 표현하고 있다. 책을 덮고 난 후 어디선가 그 책에 소개된 음악이 들리면 그의 소설에서 묘사한 전체 그림이 연상될 만큼 시각적 묘사가 탁월하다.

조정래의 《태백산맥》을 읽어도 벌교 등 태백산맥 인근의 마을들이 손에 잡히듯 그려진다. 가보지 않아도 그 동네 모습이 고향처럼 영상으로 펼쳐진다.

수많은 영화, 드라마로 다시 만들어진 《빨간 머리 앤》은 1908년 캐나다 작가 루시 모드 몽고메리Lucy Maud Montgomery가 썼다. 작가가 묘사한 빼빼 마르고, 빨간 머리에다 주근깨투성이인 주인공 앤 셜리. 그녀가 입양되어 청소년기를 보낸 초록 지붕 집에 대한 시각적 묘사는 독자의 머릿속에 깊게 각인되었다. 그만큼 영상화가 쉬워 자주 영상 매체로 만들어지는 듯하다.

영상 화법을 제대로 익히려면 시각적 묘사가 뛰어난 소설 또는 동화들을 눈으로만 읽지 않고 작가가 묘사한 장면들을 머릿속에서 그림으로 전환시켜 보는 훈련을 병행하는 것이 좋다. 만약 책 읽을 시간이 없다면 텔레비전이나 영화를 볼 때 시각 언어 묘사가 뛰어난 출연자들의 이야기에 귀를 기울여 보는 것도 괜찮다. 그들이 어떤 상황을 어떤 말로 묘사할 때 공감이 느껴지는지를 열심히 관찰만 해도 영상 화법을 어느 정도는 익힐 수 있다. 영상 화법을 자신의 대화에 적용하거나 소셜 미디어에서 사용하다 보면, 언제 어디서든 자연스럽게 구사할 수 있을 것이다.

매뉴얼화한 정보를
제공하라

하루도 '소셜 미디어'라는 단어를 언급하지 않고 넘어가는 날이 없다. 소셜 미디어는 장소와 시간을 불문하고 국적, 인종, 문화가 서로 다른 사람 사이의 대화를 이끌어낸다. 파급력이 허리케인 급이어서 삶의 방식과 부의 지형을 휙휙 바꿀 정도다. 소셜 미디어를 남들보다 먼저 유용하게 사용할 줄 알면 변화된 사회의 주류 자리를 지킬 수 있다.

소셜 미디어에서 주목받는 유용한 정보는 매뉴얼화된 것이다. 아무리 문외한이라고 해도 매뉴얼을 보고 간단히 조작하거나 실행할 수 있는 것이다.

똑같은 일상사라 해도 사람마다 경험치가 조금씩 다르다. 일상생활 속 하찮은 경험도 매뉴얼화를 하면 누군가에게는 가치 있는 정보가 될 수 있다. 반면에 새롭고 신기한 경험도 주먹구구식으로 말하면 정보로서의 가치가 없다.

예를 들어 당신이 빵을 기가 막히게 잘 굽는 방법을 발견했다고 치자. 빵이 얼마나 맛있는지만 설명하면 가치 있는 정보가 될 수 없다. 오븐의 정확한 온도, 굽는 시간, 반죽의 수분 함량, 발효 방법 등을 매뉴얼로 만들어 전해야 유용한 정보가 된다. 쓸데없는 물건

사지 않고 경제적으로 장 보는 방법, 절세·절전 비법, 까다로운 상사와 잘 지내는 방법 등 누구나 고민하지만 명쾌한 해결책이 없는 문제를 당신이 경험을 통해 해결책을 찾았다고 해보자. 이를 실천 가능한 매뉴얼로 가공해서 소셜 미디어 타임라인에 올려보라. 아마도 해결책을 찾기 위해 고민하던 많은 사람들에게 도움을 주어 문전성시를 이룰 것이다.

대화 다채널 시대이기에 온·오프라인상의 모든 대화에서 경험을 계량하고 수치화해서 정보로 가공하는 대화법이 대세로 떠오르고 있는 실정이다.

사회 문화는 한 사람의 아이디어만으로 바뀌는 것이 아니다. 오늘날의 소셜 미디어도 기기로는 전화기, 계산기, 컴퓨터, 스마트폰, 통신 방법으로는 무선통신기, 유선통신기, 인터넷, 모바일 등으로 진화되어 나왔다. 하늘 아래 새로운 것은 없다. 누군가의 경험과 발명이 또 다른 경험과 발명을 낳는 것이다.

레오나르도 다빈치가 고안한 엘리베이터의 원리도 그의 스승 브루넬레스키의 밧줄로 오르내리는 간이 엘리베이터 스케치에서 힌트를 얻었다. 또한 브루넬레스키의 간이 엘리베이터는 그의 스승 지오토의 바위 운반용 지렛대에서 응용했고, 지오토는 고대 로마인들의 기록에서 지렛대 사용법 힌트를 얻었다.

히포크라테스는 의사들에게 반드시 임상 기록을 하라고 유언했다. 그에 따라 많은 의사들이 대를 이어 임상 기록을 남김으로써 오늘날의 의학 발전을 가져왔다. 수많은 사람들의 아이디어가 매뉴얼화한 정보로 가공되어 대를 이어 전해지면서 새로운 아이디어들이 보태지고 다져져 획기적인 기술과 방법론이 만들어졌다. 그것이 거대한 현대 문명을 이루었다.

소셜 미디어는 유용한 정보들이 수천 년에 걸쳐 모이고 모여 기술과 방법을 찾아내던 일을 단 몇 시간 만에 이루어지도록 한다. 한 사람의 유용한 정보가 소셜 미디어의 타임라인에 올라오면 삽시간에 수많은 아이디어들이 보태져 혁신적인 결과물로 만들어진다. 예전이라면 수세기 걸렸을 일이다. 그래서 앞으로도 소셜 미디어가 사회 변화를 가속화시키고 견인할 것이라고 확신할 수 있다.

자동차가 세상에 나왔을 때 사람들은 편리함보다 교통사고의 위험성을 더 많이 언급했다. 지금은 자동차 없이 살 수 있는 사람이 거의 없다. 인터넷이 세상에 처음 나왔을 때 여러모로 걱정하는 사람들이 많았으나, 지금은 인터넷 없이 회사를 경영한다는 것을 상상조차 할 수 없다. 대화에 미치는 소셜 미디어의 영향 또한 무시할 수 없다. 소셜 미디어에 대한 부정적 시각도 많지만 현대인들의 삶을 지배하다시피 하며 강력한 영향을 미치는 것도 사실이니, 보다 긍정적으로 이끌고 이용할 줄 알아야 한다.

매혹적인 VS 전혀 매혹적이지 않은

내가 가진 유용한 정보들을 깔끔하게 매뉴얼로 정리하여 공개함으로써 주변인들뿐만 아니라 온라인을 통해 만난 많은 사람들과도 교류할 수 있다. 지금 당장 나에게 있는 가장 유용한 정보를 찾아 공개하자.

매혹적인	전혀 매혹적이지 않은
〈매뉴얼화한 정보 전달법〉 1. 카메라를 구입하기 전에 주로 어떤 사진을 찍을 것인지 생각한다. 2. 목적에 맞는 카메라를 구입한 후 사용 매뉴얼을 반드시 읽는다. 3. 사이트에서 같은 기종의 카메라를 소유한 사람들끼리 형성한 커뮤니티를 찾아 사용 후기를 들어본다. 4. 고지식할 정도로 매뉴얼에 맞춰 자주 찍어본다.	〈일반적인 정보 전달법〉 사진을 많이 찍어보면 잘 찍을 수 있다. 먼저 마음에 드는 카메라를 구입한 뒤 무조건 많이 찍는다.
• 자신이 가진 정보를 타인에게 알리는 일을 먼저 즐길 줄 알아야 한다. • 여행, 취미, 요리, 업무 등 분야를 막론하고 자신의 관심 분야를 매뉴얼로 정리해 본다. • 정보를 제공받는 사람을 역으로 자신이라고 설정하고, 어떻게 전달하는 것이 가장 효과적일지 생각한다.	• 정보를 습득하는 데 매우 수동적인 자세를 취한다. • 정보가 매뉴얼화되어 있지 않아 자신도 활용하는 데 애를 먹는다. • 일의 우선순위를 정하는 일이 명확하지 않아 일 처리가 늦다. • 남이 잘되는 게 싫기 때문에 가지고 있는 정보를 절대 공유하지 않는다.

튀지만
예의 바르게 상대하라

|

튀면 죽는다. 1980년대 무렵 출생자들은 자라면서 대개 그렇게 배웠고 믿었다. 부당하지만 눈치가 보여 모두 입 다물고 있는 사항을 대표로 나서서 말하거나, 일반 상식을 앞지르는 질문을 하면 튀는 사람으로 찍혔다. 이때의 '튀는'이란 '문제아', '골칫덩어리', '다루기 힘든 이단아'와 동의어였다.

그들이 자라 20대부터 30대 초반의 성인이 된 2010년, 청와대에서는 계약 직원으로 기발하고 튀는 젊은이를 채용하겠다고 발표했다. 보수적이기로 이름난 금융권까지 이미 입사 시험에서 학력, 나이, 영어 성적 제한을 없앴다. 상식과 전공 시험 없이 다단계 면접만으로 인재를 뽑는 방식이 확산되고 있다. 특히 면접 비중이 높아지면서 튀지만 예의 바르게 말할 줄 아는 인재가 주목받는 추세다.

지금 우리는 안방에 앉아 CNN, BBC, NHK 등 해외 주요 텔레비전 뉴스를 실시간으로 볼 수 있다. 그 뉴스들을 눈여겨보면 세계 경제 지도의 변화를 한눈에 살필 수 있다. 그중 튀는 언행으로 최근 사람들의 관심을 받은 사람이 있다. 바로 페이스북의 젊은 CEO 마크 주커버그다. 컴퓨터 천재 마크 주커버그의 성공 신화를

이제는
매혹적인 대화법이
이긴다

통해 우리는 세상이 요구하는 인재상이 어떻게 변하는지를 파악할 수 있다. 예전에는 튀는 사람에 대한 부정적 이미지가 강했다면 지금은 남들과 다른 사람, 그래서 사람들의 주목을 받는 사람의 부가가치를 인정할 수밖에 없다.

뉴미디어의 발달로 영상 미디어 채널 간 경쟁도 한몫 거들고 있다. 영상 미디어는 아무리 기발한 내용이라 해도 튀는 무대, 의상, 특수효과 등 볼거리가 뒷받침되어야 가치 있는 콘텐츠로 평가받는다. 이런 영상 매체가 많아진 것도 튀는 사람이 더 주목받는 요인이 되었다. 이들은 복장, 태도, 언어 등에 차별성을 두어 한 컷이라도 주목받기 위해 노력한다.

이런 추세는 직장에서도 반영되고 있다. 많은 직장인들이 튀는 명함을 들고 다닌다. 자기만의 동영상, 자기 얼굴이 인쇄된 우표, QR 코드로 만든 명함 등으로 자기를 돋보이려 애쓴다. "모난 돌이 정 맞는다"는 말은 옛말이다. 불과 몇 년 전만 해도 '튀는 직장인'은 '조직 적응력이 낮은 사람'으로 해석했다. 튀는 말 한마디 때문에 경력 전체를 망치기도 했다.

하지만 지금은 오히려 묵묵히 주어진 일만 하는 사람을 무능하게 보는 직장도 있다. 경영자들도 튀는 아이디어로 부가가치를 높이는 직원들을 아끼는 추세다. 대기업 직원 중에는 이미 이런 트렌드를 파악하고 자신을 더 튀게 꾸미는 데 시간과 노력을 투자하는 사람들이 늘고 있다. 취업 준비생들은 팟캐스트 등 튀어 보일 수 있는 뉴미디어 도구를 십분 활용한다. 뉴미디어가 자신을 더 돋보이게 하는 도구로 통용되는 세상이라고 해도 과언이 아니다.

뉴미디어 시대의 프리랜서, 예술가, 사업가 등은 튀는 언행으로 이름을 알림으로써 다른 사람을 더 쉽게 매혹시킨다.

행위예술가 낸시 랭 씨가 그 대표 주자다. 그녀는 어깨에 고양이 인형을 얹고 방송에 나와 튀는 언행을 일삼는다. 수많은 행위예술가가 있지만, 그녀처럼 튀는 이미지로 연예인 버금가는 사회적 명성을 얻은 경우는 드물다. 가수 이효리 씨는 눈치 보지 않는 톡톡 튀는 발언들로 주목을 받았고, 유기견 보호에 앞장서고 결혼도 연예인답지 않게 소박하게(?) 해서 화제를 모았다.

미국에서는 그 정도가 훨씬 심하다. 힐튼 호텔 상속녀인 패리스 힐튼, 어린 나이에 파격적인 대접을 받으며 데뷔한 여가수 브리트니 스피어스 등은 튀는 언행으로 몸값을 올리고 사업적 성공도 거두었다.

영화에서도 나쁜 남자, 나쁜 여자가 연애에 성공하고 사업적으로도 성공하는 스토리가 대세다. 튀는 악역을 맡은 배우가 주인공만큼 인기를 얻는 경우도 꽤 자주 있다.

순종적인 사람이 각광 받던 시절에는 고분고분한 화법으로 사회의 주류가 될 수 있었다. 그러나 튀는 사람이 주목 받는 시대에는 말도 톡톡 튀게 해야 주류가 될 수 있다. 주변의 누군가가 튀는 말을 하는 것을 못마땅하게 생각하지 말고 자신도 튀는 말에 익숙해지도록 노력하는 것이 훨씬 현명하다. 그러나 잘 사용하지 않던 말은 머리로는 익숙하더라도 입 밖으로 잘 나오지 않는다. 연습으로 익숙해져야 자연스럽게 말할 수 있다.

튀는 말로 나를 돋보이게 하려면 세상을 남과 약간 다른 방법으로 보는 것도 좋다. 남들 눈치가 보이는 일이라도 입 밖으로 꺼낼 정도의 배짱은 길러야 한다. 또한 그런 말에는 합리적이고 건설적인 대안이 마련되어야 유쾌해질 수 있다.

또 튈 바에는 확실히 튀는 것이 좋다. 어설프게 튀면 임팩트는 전달되지 않고 남 흉내만 내는 것 같아 꼴이 우스워질 수 있다. 확실히 튀려면 자기 선택과 판단을 믿고 밀어붙이는 자신감, 두려워하지 않고 즐기는 용기가 필요하다. 말은 마음의 발현이다. 용기와 배짱, 당당한 자신감이 있어야 튀는 말도 효과가 있다.

스토리가 부실하면 그 사람을 마음으로부터 신뢰하기가 어렵다.

나를 주인공으로 하는
스토리를 찾아라

|

스토리이야기는 가장 오래된 오락 문화라 할 수 있다. 사람은 본능적으로 이야기에 끌리는 DNA를 갖고 있다. 동화책이 귀하던 시대에도 어린아이들이 할머니 가슴을 파고들며 "옛날이야기 해주세요"라며 이야기에 대한 갈증을 표현하곤 했다. 연극, 뮤지컬, 영화, 오페라, 드라마 등 이야기를 기본으로 하는 여러 콘텐츠들도 시대를 불문하고 경제 규모가 아주 큰 매력적인 산업이다. 사람들에게 이야기에 끌리는 본성이 없었다면 불가능한 일이다.

지금은 휴대전화와 결합된 고성능 카메라, 그 외의 디지털카메라나 캠코더 등의 구입이 쉬워 누구든지 자신을 스타처럼 홍보할 수 있다. 거기다가 유튜브 같은 전 세계를 겨냥한 동영상 업로드 사이트도 무료로 이용할 수 있다. 흥미로운 자기만의 스토리와 재능에 사진이나 영상을 결합시켜 동영상 사이트에 올리면 하루아침에 연예인 못지않은 스타가 될 수 있다.

필리핀 소녀 채리스 펨핀코는 아버지가 집을 나가고 나서 어머니와 단둘이 매우 힘들게 살았다고 한다. 그러다 열네 살 때 노래 부르는 모습을 동영상으로 제작해 유튜브에 올렸는데, 그것이 우리나라 SBS-TV 프로그램 〈스타킹〉 관계자의 눈에 띄었다. 펨핀코는 SBS가 초청해 〈스타킹〉 무대에 섰다. 〈스타킹〉 무대에 선 동영상을 다시 유튜브에 올렸는데, 그것이 또다시 미국의 〈오프라 윈프리 쇼〉 관계자 눈에 띄었다. 〈오프라 윈프리 쇼〉에 출연한 후 펨핀코는 각종 유명 토크쇼의 러브콜을 받게 되었다. 그 뒤 셀린 디온, 머라이어 캐리 등을 스타로 만든 작곡가 데이비드 포스터를 만났고, 2008년에 첫 음반을 발표했으며, 2010년에는 빌보드 차트를 석권하는 인기 가수가 되었다.

소셜 미디어에서 스토리가 가져오는 경제적 파워는 여러 형태에서 나온다. 경우에 따라서는 남의 입을 빌려 자기 스토리를 소개해서 큰돈을 벌기도 한다. 2010년, 화장품 브랜드 헬레나 루빈스타인은 할리우드 스타 데미 무어와 광고를 계약한 후 향수 '원티드Wanted'를 출시했다. 이때 마케팅 전략이 큰 성공을 거두었다. 향수 홍보를 위해 데미 무어의 트위터와 애쉬턴 커처의 트위터를 이용하여 그 당시 약 600만 명의 팔로어들에게 원티드 향수 이미지에 걸맞도록 '당신이 원하는 것'이란 주제로 UCC를 만들어달라고 부탁한 것이다. 그 후 수백만 명의 팔로어들을 중심으로 유튜브에 관련 동영상들이 수없이 올라왔다. 그와 함께 원티드 향수는 단박에 세계적인 인기를 모았으며, 매출 또한 급증했다.

《스토리가 스펙을 이긴다》는 책으로 스펙에 목매는 젊은이들의 문제점을 경고한 김정태 씨는 취업 이력서를 스펙이 아닌 스토리로 써야 경쟁력이 있다고 주장한다.

그가 어떤 사람이며 숨겨진 잠재력은 무엇인지, 우리 학교 또는 회사가 필요로 하는 잠재력을 가졌는지 등을 알려면 그의 스토리를 들어보아야 한다. 그래서 미국의 대학 중에는 자기 스토리를 500~1,000단어로 압축한 에세이를 입학 원서와 함께 제출하게 하는 곳이 많다. 까다로운 학교는 1시간 이상 면접을 치르며 지망자의 스토리를 자세히 들어보기도 한다. 자기만의 스토리가 없으면 스펙이 아무리 완벽해도 뽑히기 어려운 시스템인 셈이다.

단지 대학 입학에 유리하다는 이유로 봉사활동에 참여한 사람과 마음에서 우러나와 봉사활동을 한 사람의 차이는 스토리를 들어보면 금세 구분된다. 스펙이 아무리 좋아도 스토리가 부실하면 그 사람을 마음으로부터 신뢰하기가 어려운 법이다.

나를 돋보이게 하는 스토리를 말하려면 남다른 경험이 많아야 한다. 춤, 노래, 묘기, 악기 연주 등 색다른 기량도 하나의 스토리가 될 수 있다. 여행이나 남다른 취미에 대한 이야기, 실패를 거듭하다가 성공에 이른 경험담, 남들이 공감할 만한 크고 작은 사회 문제에 대한 인식 등 나만의 스토리는 누구나 가지고 있다. 만약 경험이 부족하다면 경험을 늘리면 된다.

때로는 절망의 순간을 극복한 사연도 감동을 주는 나만의 스토리가 된다. 그 예로 '간 기능 정지'로 시한부 선고를 받아 마지막

안식처로 선택한 농장을 국내 최고의 허브 농장으로 변모시킨 허브아일랜드의 대표 임옥(52) 씨의 이야기를 소개한다. 임옥 씨는 가정을 위해 자주 끼니를 거르기도 하고 며칠씩 밤을 새며 일하다가 중병에 걸렸고, 결국 시한부 선고를 받았다. 그녀는 남은 아이들의 생계를 위해 농토를 남겨 주면 적어도 밥은 굶지 않겠다고 생각했다. 그래서 서울 신림동에서 운영하던 커피 전문점 두 곳을 팔아 포천에 땅 1만 제곱미터를 사들였다.

1997년, 그녀는 가족들은 일단 서울에 두고 커피 전문점 직원 두 명과 함께 귀농했다. 길도 제대로 나 있지 않고 전기도 들어오지 않은 곳이었다. 말 그대로 오지였다. 서울 토박이인 임씨에게 그런 시골 생활은 녹록하지 않았지만 죽기 살기로 6개월 가까이 버텨보았다고 한다. 그런 뒤 가족들도 불러들였고, 기적처럼 건강도 되찾았다. 지금은 우리나라 최대 규모 허브 농장의 주인이 되었다. 그녀는 자신의 이 자전적 스토리로 수많은 언론과 인터뷰했다. 그 스토리에 힘입어 농장은 더욱 번성했다. 지금은 유럽의 유명 도시들을 옮겨놓은 듯한 대규모 명소로 자리 잡았고, 해외 관광객들도 많이 찾는 곳이 되었다.

남다른 경험이 부족해도 나만의 스토리는 얼마든지 만들 수 있다. 경험 대신 세상을 보는 남다른 관점을 가지면 된다.

매혹적인 VS 전혀 매혹적이지 않은

외면당하는 자신의 스토리와 관심을 불러일으키는 자신의 스토리를 비교해 보자. 지나친 자랑이나 시선 끌기 식 스토리는 매력이 없다. 스토리 부재로 사람들과의 만남이 매번 두렵다면, 지금 당장 자신만의 스토리를 새로 작성해 보자.

매혹적인	전혀 매혹적이지 않은
· 나는 흙냄새가 참 좋아. 도란도란 모여 사는 사람들도 정겨워서 좋아. 그래서 조만간 사업을 다 정리하고 귀농해서 땅을 일구고 살 계획을 구체적으로 세우고 있지. · 여행은 나에게 배움의 연장입니다. 여행을 통해 나는 하루하루 성장합니다.	· 어제 드라마 봤어? 드디어 남자 주인공이 여자 주인공의 마음을 알아채고 집으로 찾아갔지 뭐야……. · 내가 ○○회사 사장을 좀 아는데, 그 사람이 성공하기 전에는 나한테 매일 찾아와 굽실굽실했지…….
· 남들이 경험하지 못했지만 경험하고 싶어 하는 특이한 경험담을 이야기한다. · 남들은 이겨내기 어려운 일을 극복한 극적인 스토리를 소개한다. · 흥미로운 스토리 구성으로 나는 어떤 사람인가를 설명할 수 있어야 한다.	· 성과 위주의 자기 자랑. 남다른 배경이나 타고난 재능에 대한 이야기를 반복한다. · 남들도 다 겪는 빤한 사건을 장황하게 늘어놓는다. · 유명한 지인과의 관계를 지루하게 여러 번 자랑한다.

멋진 기획은 반드시
사전에 소문을 내라

소문은 근거를 따지지 않는다. 그러나 퍼지는 속도는 바이러스급이다. 그래서 나쁜 소문은 누군가에게 순식간에 치명적 상처를 입힌다. 그러나 소문을 좋은 쪽으로 내면 순식간에 기회가 열리기도 한다.

유엔에서 일하다가 베스트셀러 작가로 변신한 김정태 씨는 학창시절부터 "나는 유엔 같은 국제기구에서 일해보고 싶다"고 말하고 다녔다고 한다. 그러던 어느 날 선배 한 명이 유엔의 구인 공고를 보고 그에게 알려주었다. 덕분에 국내파인 그가 유엔에서 국제적인 일을 할 수 있게 되었다. 그 경험을 토대로 한 책을 내서 유명세도 얻었다.

당신이 학생이거나 직장인이거나 열악한 환경에 놓여 있는 사람일지라도 주변에서 쑥덕이는 '분수를 모른다', '주제 파악을 못한다' 등의 가십을 두려워할 필요는 전혀 없다. 누가 뭐라고 하건 당신의 관심 분야를 소문내 보라. 직장 내에 새로운 부서가 생길 때, 비슷한 취미를 가진 임원이 스카우트 되었을 때, 새로운 직장에서 당신 같은 사람을 찾을 때 뜻밖의 기회가 열릴 것이다. 다른 사람이 당신의 위시리스트Wish List를 알고 있다면.

은행 임원 출신인 K씨는 현재 유명 갤러리의 관장이다. 그는 은행원 시절부터 갤러리를 찾아다니며 미술 감상을 즐겼다. 미술에 관심 있는 동료들에게는 자신이 가진 미술에 대한 식견을 지속적으로 얘기해줬다. 원하는 사람이 있으면 갤러리에 함께 가서 전시회 가이드도 자처했다. 상여금을 받으면 마음에 드는 그림 소품들도 하나씩 사 모았다. 그러던 중 갑자기 우리나라 기업 문화에 '감성 경영' 바람이 불었다. 그러자 그가 다니던 은행에서 로비를 미술 전시장으로 꾸미고 싶어 했다. 미술에 대한 그의 식견은 이미 은행 안에 소문이 자자했기에 그가 적임자로 발탁되었다. K씨는 그동안 기른 안목으로 저비용의 미술 전시장을 로비에 만들었다.

언론에서 앞다투어 취재를 나왔다. 다른 은행에서도 벤치마킹을 했다. 은행장은 로비 전시장 반응이 좋자, 점차 고가의 그림 매입도 허가해 주었다. 백남준, 앤디 워홀, 데미안 허스트 등 세계 최고가의 작품들을 직접 보면서 구매 또는 임대 협상을 해볼 기회도 생겼다. 얼마 후 은행 통폐합 바람이 불자, K씨는 기꺼이 명예퇴직을 했다. 그리고 자기만의 갤러리를 열었다. 그동안 K씨의 미술적 식견을 지켜본 사람들은 충성도 높은 고객이 되었고, 불황에도 그의 갤러리는 문전성시를 이루었다. 자신이 어떤 곳에 쓸모가 있는 사람인지 소문을 내면 이처럼 기회가 찾아오고 때로는 죽을 고비도 넘길 수 있다.

새로운 프로젝트를 시작하기 전에 어떻게 소문내야 할지 고민일 수 있다. 걱정할 필요 없다. 해결책은 간단하다. 만약 당신이 요리를 기가 막히게 잘한다면 친구, 친인척 등 지인의 행사에서 요리를 거들어주면 된다. 그 진행 상황을 블로그나 소셜 미디어에 올려서 알리면 더욱 좋다.

미국의 살림 여왕 마사 스튜어트는 바로 이 방식으로 살림 잘하는 여자 이미지를 소문낸 다음 살림에 필요한 도구들을 팔아 월 스트리트를 주무를 만한 거부가 되었다. 최근에는 만들기를 좋아한다는 소문을 내더니 가정용 공작 도구 세트를 만들어 판매해 다시 큰돈을 벌고 있다. 워런 버핏은 남들의 투자를 돕다가 투자의 귀재로 소문이 났고, 투자 회사의 CEO로 거듭났다. 지금은 세계 최고의 투자 전문가이자 검소한 부자로 자신을 돋보이게 하고 있다.

언어는 뇌를 작동시키고 뇌 정보를 검색하는 엔진 역할을 한다. 말하는 동안 말의 내용대로 뇌가 움직이고 행동을 지시한다. 자신이 하려는 멋진 프로젝트에 대한 '사전 소문내기'는 타인에게 나의 존재를 알리는 역할을 한다. 소문이 나면 새 프로젝트에 관심이 있는 사람이나 관련업에 종사하는 사람들을 만나기가 쉽다. 나 자신에게도 좋은 자극제가 될 수도 있다. 더불어 소문내는 말이 뇌에 각인되면서 놀라운 잠재력을 깨워주기도 한다. 당연히 새 프로젝트는 멋지게 진행되고 나의 위시리스트는 성취된다.

|

최근 리메이크 영화가 붐이다. 2013년 5월, 소설《위대한 개츠비》
가 영화로 리메이크 되었다. 원작은 1923년과 1924년에 F. 스콧
피츠제럴드가 뉴욕 롱아일랜드와 프랑스 세인트 라파엘을 오가
며 쓴 소설로 시공간, 세대, 나라를 뛰어넘어 100년이 지난 지금
까지도 인기가 있는 명작이다. 1974년 로버트 레드포드와 미아
패로가 주연을 맡은 영화로 제작되어 선풍적인 인기를 모았는데,
2013년 레오나르도 디카프리오와 캐리 멀리건이 주연을 맡아 리
메이크 되었다.

　작가이자 프로듀서, 감독인 바즈 루어만 감독은 이 작품을 완전
히 새롭게 각색했다. 감독의 개성 있는 시선과 음향, 이야기 구조
를 담고 3D로 제작해서 재즈 시대의 흥겨운 분위기를 원작에 가
깝게 재현했다. 개봉 전에 요란하게 홍보를 한 것에 비해 영화의
흥행 성적은 예상보다 높지 못했지만 영화 속 캐릭터들의 패션 소
품과 배경 소품들이 엄청나게 팔려 사업적으로 대성공을 거두었
다고 한다.

　또 2013년 3월에 러시아 소설가 톨스토이의《안나 카레리나》
가 영화로 리메이크 되어 아카데미 4개 부분에 노미네이트 되고,

〈타임〉이 선정한 '올해의 최고 영화'로 뽑히기까지 했다. 이 작품은 러시아, 영국, 미국 등에서 수차례 드라마나 영화로 제작되었고 우리나라에서도 뮤지컬로 각색되어 흥행에 성공했다.

최근에 와서는 국내 영화를 할리우드 영화로 리메이크하거나 할리우드 영화를 한국 영화로 리메이크하는 사례도 점점 늘고 있다.

대화법에 관한 책을 쓰면서 영화 이야기를 왜 꺼내는지 궁금할 것이다. 영화 리메이크 기법을 대화에도 차용해 보기를 권하기 위해서다. 요즘은 블로그, 홈페이지, 소셜 미디어 소통이 대세다. 자신의 가상공간을 매혹적으로 만들어 문전성시를 이루게 하려면 담기는 이야기가 매혹적이어야 한다. 그러나 전문적인 글쓰기 직업을 가졌거나 이야기 생산을 업으로 하는 사람들도 상품 찍어내듯 줄줄이 매혹적인 소재를 찾아내기는 어렵다. 하지만 리메이크 영화 기법을 차용하면 그런 문제점을 해결할 수 있다.

리메이크 영화의 공통점은 원작 내용은 그대로 살리고 배경, 인물, 시대적 배경 등을 바꾸어 새로운 느낌의 이야기로 전환했다는 점이다. 흥행으로 검증된 작품성을 최대한 살리면서 대체로 시대는 현시점으로 바꾼다. 이때 리메이크를 한 감독의 주관을 불어넣어 새로운 생명체로 만든다. 그 결과물은 친숙하지만 완전히 다른 느낌의 이야기로 변신하는 것이다.

이미 검증된 이야기, 타인의 기막힌 경험담 등은 누구에게나 충분히 매혹적이다. 그런 이야기들을 잘 기억해 두었다가 나의 경험이나 주관을 얹으면 내가 하고자 하는 이야기가 매혹적으로 변신할 수 있다. 그 속에 이미 검증된 탄탄한 스토리 구성이 있기 때문이다.

"나는 사람들하고 이야기를 많이 하고 싶지만 항상 할 말이 없어"라고 말하는 사람들은 대체로 고지식하다. 자기가 직접 경험한 소재로만 이야기하려다가 소재 빈곤에 시달린다. 말을 잘하는 사람도 소재가 부족하면 이미 한 이야기를 또 하고 또 해서 듣는 사람을 식상하게 만든다. 할 말이 없어서 입을 봉하고 지내는 것과 이미 한 말을 또 하고 또 해서 사람들을 질리게 만드는 것 모두 주요 원인은 대체로 소재 빈곤이다.

그러나 남의 이야기를 빌어 내 의견을 붙이고, 각색할 줄 알면 대화 소재 빈곤에 시달릴 필요가 없다. 드라마 하나가 뜨면 명대사들을 자기 방식으로 이어 붙여 화제를 모으거나, 뉴스의 핫이슈를 패러디해 소셜 미디어의 인기인이 된 사람들이 많다. 이들이 바로 남의 이야기를 차용해서 나의 매혹적인 이야기 만들어내기에 성공한 사람들이다.

이야기를 재미있게 할 줄 아는 사람은 사소한 것까지도 세밀하게 볼 줄 안다. 타인의 이야기를 차용해서 내 것으로 만들 때에도 역시 그 사람의 말을 세밀한 것까지 귀담아들어야 한다. 리메이크 영화가 원작의 줄거리를 살리듯 원작의 주요 메시지와 특징을 디테일하게 되살려야만 매혹적인 이야기로 재구성할 수 있다.

타인의 이야기를 나의 매혹적인 이야기 소재로 차용하려면 그 이야기에서 내가 전하고자 하는 메시지와 코드가 맞는 부분을 끄집어낼 줄 알아야 한다. 패러디 작가들은 드라마, 영화, 뉴스, 토크쇼 등 장르를 불문하고 어디에서든 자신의 메시지에 맞는 부분을 발췌해서 재구성한다. 타인의 이야기를 매혹적인 내 이야기로 만들려면 패러디 작가들의 기법을 참고하는 것도 좋다.

남의 이야기를 빌어 나만의 매혹적인 이야기를 창작하려면 항상 이야기의 출처를 잘 밝혀야 한다. 남의 이야기를 소스부터 자기 것인 양 사용하면 애써서 재구성한 새로운 메시지까지 신뢰를 잃을 수 있다. 온·오프라인의 모든 대화에서는 정직함으로 신뢰를 구축해야 진정성을 가진 사람들이 모이기 때문이다.

형용사는
명사의 적이다

현대인들은 너무나 바빠서 긴 이야기에 귀를 기울일 시간이 없다. 거기에 맞추어 스마트폰을 이용한 소셜 미디어가 통신수단으로 크게 각광을 받으면서 간단한 인스턴트 메시지로 모든 것을 다 말할 수 있는 화법이 매력을 발하고 있다. 심지어 트위터 같은 소셜 미디어는 아예 글자 수를 140자로 제한한다. 이처럼 인스턴트 메시지로 소통하는 것이 보편화된 현대에도 길고 자세히 말해야 직성이 풀리는 사람들이 많다. 이런 사람에게는 글자 수 제한이 없는 페이스북이 유용하게 쓰이고 있다. 그러나 실제로 긴 글보다는 짧은 글이 기억에도 남고 부담이 없다. 내용적 측면에서는 노골적인 홍보 글이나 장황한 글은 자세히 읽기 싫다.

평소의 대화 역시 이런 통신기기를 통한 화법의 직접적인 영향을 받는다. 친숙한 사람 사이의 대화에서도 누군가가 말을 독점하고 길게 사연을 풀어놓으면 듣기를 포기하고 머릿속으로 딴생각을 하게 된다. 간단한 프로필만 보고 친구를 맺는 페이스북이나 트위터는 더하다. 잘 모르는 사람의 지루한 말에 귀 기울일 사람은 거의 없을 것이다.

요점만 정리해서 말하기는 자세히 말하는 것보다 훨씬 어렵다.

장황한 이야기를 요약하고 추리는 공정이 몇 번 더 필요하다. 중복 되는 단어 및 문장 삭제, 어려운 전문 용어 풀어 쓰기 등의 과정을 거쳐야 한다. 그 일이 번거롭고 힘들어 길고 장황하게 말하게 된 다. 그러나 소셜 미디어에서 주목을 받으려면 말을 추리는 공정 과 정에 자신을 길들여야 한다.

소셜 미디어뿐만 아니라 책, 편지 등의 인쇄물로 소통하던 시대 에도 장황한 말은 환영받지 못했다. 17세기의 프랑스 문인이자 역 사학자인 볼테르는 "형용사는 명사의 적이다"라고 말했다. 지나친 형용사의 사용은 자신의 사상적 빈곤을 은폐하려는 행동이라고도 본 것이다. 18세기 독일의 시인 괴테는 "짧은 말은 태양의 광선처 럼 힘차게 빛난다"고 말했다. 19세기 독일의 철학자 카이저링도 "사물의 움직임을 파악해 짧은 문장으로 말하는 사람은 자상한 설 명을 하는 사람보다도 훨씬 우수하다"고 말했다.

간결하게 요약해서 말하려면 시시콜콜 모든 것을 말하지 않도 록 신경을 써야 한다. 하고 싶은 말에서 가장 중요한 부분만 압축 하고 도려내 사용할 줄 알아야 한다. 거기서 다시 핵심과 주요 부 분만 편집해서 말하는 훈련을 해둘 필요가 있다. 말이라는 것은 정 물화를 그리는 것처럼 해야 묘미가 있다. 정물화 기법 가운데, 사 과 세 개를 놓고 그린다고 가정하면 가장 중요한 한 가지는 제대 로 정확히 그리고 나머지는 구도에 따라 음영으로 처리하는 것과 비슷하게 말하는 방법이다.

따라서 대화를 시작할 때, "내가 이런 말을 하는 것은 실례인 줄 알지만" 같은 사족은 생략하는 것이 좋다. 이런저런 인사와 장황한 서론은 빼고 바로 본론으로 들어갈수록 메시지가 분명해져 귀에 잘 들어온다. 바쁜 사람들은 빤한 인사치레에 시간을 빼앗기면 본론은 아예 듣지도 않는다.

몇 년 전 〈슈퍼스타K 2〉를 통해 인기 가수로 발돋움한 존박은 트위터에 여덟 자 이내의 단문으로 자기 생각을 말해 다소 주목을 받았다. "너무 즐거워요", "○○○을 만났음", "좋아해 주셔서 감사" 등의 단문을 올리자 팬들도 짧은 단문으로 "존박이 너무 좋아", "존박 새 노래 짱" 등의 화답을 올려 인터넷 검색어 상위권에 올랐다.

간결하게 말해 나를 돋보이려면 먼저 말하는 목적을 분명히 정해야 한다. 목적 없이 말하면 잡담으로 흐르기 쉽고 횡설수설해진다. 무엇보다 간결한 말을 우습게 여기지 말아야 한다. 그동안의 우리나라 공교육은 간결하고 쉬운 표현을 생각의 가벼움과 동일시했다. 그 결과 많이 배운 사람일수록 복잡한 용어, 긴 문장을 선호했다. 그러나 소셜 미디어에서는 간결하고 어려운 이론을 누구나 알아듣도록 쉽고 간단하게 풀어서 말하는 사람을 높이 친다. 이 간결함으로 산뜻하게 상대의 마음에 앉을 수 있다.

매혹적인 VS 전혀 매혹적이지 않은

이제 사족은 집어던져 버리자. 상대의 눈이 흔들리지 않게 사로잡고 싶다면 서론은 빼고 본론으로 바로 들어가야 한다. 쓸데없는 사족이나 형용사를 덧붙여 말의 핵심을 흐트러뜨려서는 절대 안 된다.

매혹적인	전혀 매혹적이지 않은
• 일주일에 한 번씩 대청소를 하자. • 철학은 똥이다!	• 청소를 하지 않으면 다른 사람들 보기도 안 좋고 건강에도 썩 좋지 않으니, 일주일에 한 번씩 대청소를 하는 게 어때? • 내 생각에 현실에서 철학은 아무 쓸모가 없는 것 같아. 철학은 그저 이상일 뿐이고, 잘난 척하는 양반들이 심심해서 떠드는 소리일 뿐이야. 한마디로 철학은 똥이야!
• 사족은 생략한다. • 상대가 나의 이야기를 차분히 들어줄 수 있는지 파악한다. • 말하는 목적을 명확히 밝힌다. • 괜한 인사치레는 생략한다. • 일상 대화, SNS, 이메일, 업무 지시 등 어디에서건 횡설수설하지 않고 명료하게 말한다.	• 구구절절 사연을 이야기한다. • 대화를 나누기 전에 서론으로 인사치레의 말을 장황하게 늘어놓는다. • 업무에서는 비교적 명확한 편이나 일상 대화나 SNS 등에서는 횡설수설할 때가 많다.

이제는
매혹적인 대화법이
이긴다

단어 선택에
목숨을 걸어라

|

미국에서 마트나 옷 가게 등에 가면 판매원들이 상점 입구에 들어서는 사람들에게 예외 없이 다가와 "Can I help you? 무엇을 도와드릴까요?"라고 묻곤 한다. 그런데 최근의 한 여론조사에 의하면 남자 고객이 가장 싫어하는 단어가 '돕다help'라고 한다. 남자들은 누군가가 도와주겠다고 말하면 자신이 무능하다는 의미로 받아들인다는 것이다. 그래서 남자 고객에게는 "도와드릴까요?"라고 말하는 대신 그가 어떤 물건에 관심을 보일 때 조용히 다가가 "안목이 높으시네요"라며 능력을 인정해 주는 듯한 말로 바꿔 말한다고 한다. 이 여론조사로는 듣는 사람이 선호하는 단어를 선택하는 것이 기업의 매출에 막대한 영향을 준다는 사실이 확인되었다.

우리나라도 마찬가지다. 남자들은 오랫동안 도움을 받는 것은 곧 자신의 능력 부족을 의미하는 것이라고 배워왔다. 그래서 길을 잃어도 절대로 타인에게 묻지 않고 혼자 해결하려고 한다. 반대로 능력을 인정하는 말은 무조건 반기며 신뢰한다.

1960년대의 미국은 우리나라 못지않은 남성 우월주의 사회였다. 그즈음 제2차 세계대전 등의 전쟁 군수물자 판매로 미국은 호경기를 맞았다. 현금이 많이 유통되면서 은행이 부쩍 늘었다. 은행

들은 무한경쟁에 돌입했다. 경쟁에서 이기려고 치열한 홍보전을 벌이고, 돈을 빌려가는 기업에게 은행을 통해 직원의 급여를 지급하도록 은근한 압력을 행사했다. 그 결과 많은 기업들이 급여를 통장으로 지급하기 시작했다. 통장은 자연스럽게 아내가 관리하게 되었고, 경제권을 넘겨받은 아내들의 파워가 커지기 시작했다. 남자들은 죽을 맛이었을 것이다. 비자금도 숨기지 못하고, 용돈조차 쓰는 족족 명세서가 집으로 배달되었으니 말이다.

이때 은행 광고를 대행한 한 광고사가 금융 상품에 그런 남자들의 심리를 꿰뚫는 단어를 이용해 대박을 쳤다. 바로 '임원들의 계좌Executive Account'라는 금융 상품이었다. 아내들은 물론 사회적으로도 이 계좌를 개인 계좌가 아닌 공공성 계좌로 이해했다. 이 은행은 누구에게도 시비당하지 않고 직장인 남자들의 소원을 단번에 이루어주었다. 아내들도 남편이 임원 대접을 받는 줄 알고 은근히 기뻐했다. 이 멋진 이름의 계좌는 나오자마자 날개 돋친 듯 팔렸고, 광고 회사와 은행은 막대한 이익을 얻을 수 있었다.

우리나라 포털 사이트 다음Daum의 토론 광장 아고라를 살펴보면 토론보다 말싸움이 잦아 보인다. 대부분의 원인이 부적절한 단어 사용이다. 사례 하나를 보자.

학군을 따라 서울의 강남으로 이사하는 사람들의 태도를 옹호하거나 비판하는 토론 중이었다. 강남 학군으로 이사하는 것의 정당성을 주장하던 한 사람이 수많은 악플에 시달린 모양이다. 흥분해서 매우 부적절한 단어들을 사용한 글을 남겼다. 그것을 객관적으로 반박한 글이 있었다. 올린 사람의 인적 사항은 본인이 밝히기를 원하지 않아 익명으로 옮긴다.

자신의 감정을 인터넷상의 수많은 사람들에게 털어놓을 때의 단어 선택과 서로 친한 사람들과의 대화에서의 단어 선택은 엄연히 다릅니다. 그런데 님의 글은 친한 분들끼리만 사용할 수 있는 단어로 구성되어 있습니다. 먼저 단어 선택의 부적절함을 지적하고 싶습니다. 같은 말도 단어 선택에 따라 의미가 전혀 다르게 해석되는 법입니다. 그 점을 고려하지 않고 자극적인 단어들을 선택하신 점이 유감입니다. 님의 "나에게 속물이라고 말하는 건 어쩔 수 없다"고 하신 언급으로 보아 님도 자신의 글을 비난할 사람들이 많을 것을 예상하신 것 같습니다. 그러고도 점점 더 흥분해서 "당신들은 가식적이야"라며 자극적인 단어를 사용하셨더군요. "돈이 있고 없고를 떠나서 먹고살기 힘든 분들은 자식에게 소홀하기 쉽죠", "없이 살고 임대 살아서 이런 글 올라오면 욕부터 하고 그러겠지요"라는 글과 "제게 쌍욕하는 임대 사시는 분들, 이 악물고 돈 벌어서 이사 가세요"라고 쓰신 부분이 그렇습니다. 입장을 바꾸어서 님이 어떤 재력가에게 "그냥 아파트 사시는 분들, 제게 쌍욕하는 대신 이 악물고 돈이나 벌어서 80억 정도 되는 고급 빌라로 이사

가세요"라는 말을 들었다면 기분이 어떻겠습니까?

님의 지적대로 학군 때문에 강남으로 이사하시는 분들 많습니다. 님 혼자 대표로 욕먹는 것 같아 억울하실 겁니다. 그러나 학군 따라 강남으로 이사하시는 분들 모두 님처럼 자극적인 단어로 인터넷에 글 올리고 댓글이 마음에 안 든다고 해서 "당신들은 가식적이야"라고 반박하지는 않습니다. 님도 그런 글을 올리지 않았거나 올리더라도 단어 선택을 조금만 신중히 하셨다면 대표로 욕먹지는 않으셨을 것입니다.

"그리고 악플 다시는 분들, 다 임대 사세요? 왜 그리 피해 의식과 열등감이 많나요? 글을 보면 여유 없는 분들이 살기 팍팍해서 욕도 잘하고 리플도 가관입니다." 이런 님의 답변이 댓글 단 분들을 더욱 자극할 것으로 생각되지 않으세요? 그럴 의도로 말한 것이 아닌데 너무 심한 반응이 나와 화가 나서 그런 단어들을 골라 사용하셨는지는 모르지만 글은 얼굴을 마주 보고 하는 대화와 다르다는 것을 이해하셨으면 좋겠습니다. 얼굴을 마주 보면 말 속에 숨은 뜻을 표정이나 제스처, 그리고 말하는 사람의 분위기로 어느 정도는 파악할 수 있습니다. 그러나 글은 단어와 문장만 가지고 해석해야 합니다. 속뜻은 전혀 파악할 수 없지요. 단어 선택이 조금만 자극적이어도 엄청난 오해가 생깁니다.

물론 단어 선택이 소셜 미디어에 올리는 글에서만 중요한 것은 아니다. 취업 응시용 자기소개서나 제품 홍보성 글에서도 매우 중요하다. 참신한 단어를 골라 쓰는 것과 식상한 단어를 많이 쓰는 것의 결과는 완전히 반대일 것이다.

취업포털 사이트 '사람인'은 2013년 초 국내외 기업의 인사 담당자 210명을 대상으로 '호감 또는 비호감 자기소개서 키워드'복수응답를 조사했다. 가장 호감 가는 키워드는 '책임감 있는' 54.3%, '근면 성실한' 40%, '긍정적인' 39.5%, '적극적인' 31.4%, '열정적인' 27.1%, '예의 바른' 26.2% 순으로 나타났다.

식상하고 진부한 느낌을 주는 단어로는 '완벽주의자' 41.9%, '원칙주의자' 31.9%, '최고의' 27.6%, '냉철한' 25.2%, '국제적인' 14.3%, '헌신적인' 13.3%로 나타났다. 여기서 너도나도 즐겨 사용하는 단어는 금세 식상해져서 아무리 의미가 좋더라도 매력이 없다는 결론을 얻을 수 있다. 이 조사에서 호감 가는 단어로 뽑힌 키워드도 곧 식상한 단어가 될 수 있다. 새롭고 참신한 단어를 사용해야 호감을 살 수 있다.

얼마 전 우리나라에서는 광고 카피에서 시작된 '단언컨대'라는 말이 인기를 얻어 여기저기 많이 쓰였다. 그러나 너무 유행을 해서 벌써 식상해지는 느낌이 있다. 아마도 곧 새로운 단어가 필요해질 것 같다.

단어나 어휘 선택에 민감한 미국은 금연구역을 표기할 때도 'No Smoking'이 아닌 'Smoking Free'로 표기한다. 담배 연기로부터 자유로운 곳, 그러니까 담배 안 피우는 곳이라고 말함으로써 강제가 아닌 협조 요청의 뉘앙스를 주는 것이다.

글쓰기나 말하기에서 뉘앙스를 고려하지 않고 선택한 단어는 부정적 의미로 해석될 가능성이 높다. 좋은 의도로 한 말이 악의적으로 왜곡되기도 쉽다.

대화에 참신한 단어를 골라 쓰려면 독서를 많이 해야 한다. 작가들은 정제된 단어를 골라 사용하기 위해 목숨을 건다. 시인은 단어를 보석처럼 소중히 다룬다. 작가들이 정제한 언어들을 자주 대하면, 서서히 참신한 단어를 선택할 수 있는 능력이 생긴다.

매혹적인 VS 전혀 매혹적이지 않은

식상한 단어, 문장은 싫증이 난다. 참신한 단어나 문장은 분위기를 환기시키고, 긍정적 반응을 불러일으킨다. 이는 과연 작가나 연예 종사자에게만 해당되는 말일까? 오늘 당신의 가정, 회사에서도 참신한 단어 선택으로 많은 변화가 일어날 수 있다!

매혹적인	전혀 매혹적이지 않은
• 당신이 아니면 어느 별 누구한테 이런 하소연을 하겠어? 고마워, 신경 써줘서. • 오늘 같은 하루가 한 페이지씩 쌓여 책이 될 거야.	• 집에서 살림만 하는 여자가 뭘 안다고 참견하는 거야? • 아, 하루하루 일에 파묻혀 죽을 것 같아. 지친다, 지쳐!
• 주로 긍정적인 단어나 문장을 활용한다. • 오해의 소지가 있는 말이 아닌지 고심하여 신중히 말한다. • 정제된 단어 사용을 위해 독서를 많이 한다.	• 매사에 부정적인 단어나 문장을 활용한다. • 아무리 좋은 의도로 말해도 오해를 낳는 경우가 많다. • 적합한 단어를 찾지 못해 당황할 때가 많다.

말보다 눈에 띄는
볼거리를 제공하라

|

사람은 청각보다 시각 이해력이 월등히 높다. 문자 발명 이전에는 글이 아닌 그림으로 의사소통을 했다. 그로 인해 인간의 두뇌는 언어를 화상으로 변환시켜 저장하는 데 익숙해지게 되었다. 말보다 볼거리의 이해력이 훨씬 높은 구조인 것이다.

　그런데 글로 소통하기 시작하면서 두뇌는 혼란을 겪게 되었다. 글을 그림으로 전환해 저장하기 때문에 의미 해석의 차이가 커졌다. 추상적 표현의 애매성을 그림으로 전환하기 어려워 자의적 해석을 함으로써 의미가 달라지고 저장 과정이 피곤해지기도 했다. 이런 문제점을 잘 아는 인간은 끊임없이 글과 그림 양쪽을 모두 소통 도구로 사용해서 해석상의 오류를 줄일 수 있는 방안을 연구했다. 그리고 마침내 글과 그림을 동시에 사용해 소통할 수 있는 디지털 세상을 만들었다. 웬만하면 누구나 디지털카메라를 휴대하게 되었다. 최신 휴대전화는 카메라 장착이 필수일 뿐 아니라 그 기능이 구매를 좌우하기도 한다.

　글과 그림을 동시에 사용해 소통할 수 있는 디지털 세상에서는 글보다 그림의 의존도를 높여야 전달력이 높아진다. 눈에 끌리는 볼거리와 간단한 설명을 제공하면 이미지 전환이 쉬워 메시지 왜

곡을 막고 매혹과 친밀감을 더할 수 있다.

물론 볼거리 제공이 없는 능력을 만들어주지는 않는다. 그러나 비슷한 능력을 가졌다면 볼거리가 있는 편이 훨씬 돋보인다. 역사 속에서도 그러한 점을 확인할 수 있다.

1811년에 태어난 작곡가 겸 피아니스트 프란츠 리스트는 큰 키와 금발 등 호감 가는 외모를 타고났다. 그는 성직자 같은 의상을 입고 흰 장갑을 끼는 등 외모를 깔끔하고도 개성있게 꾸미고 다녔을 뿐 아니라 한쪽 얼굴을 긴 머리카락으로 가리며 신비감을 더했다. 그는 뭇 여성들의 사랑을 넘치게 받았고 러시아 순회공연 때는 한 수녀가 그를 보고 너무 행복해서 기절하는 사건까지 있었다. 그는 최초로 연주자의 초상화를 연주회 포스터에 넣기도 했다. 자신을 최대한 멋진 볼거리로 만든 것이다. 당대의 비평가들은 그의 과장된 몸짓이 정통적이지 않다며 맹비난을 퍼부었지만 그는 오늘날까지 전 세계의 음악인들에게 '음의 마술사'로 칭송받고 있다.

최근 극적인 행보로 주목 받는 중국의 피아니스트 랑랑도 피아노 실력뿐 아니라 각종 볼거리로 더 유명세를 탔다. 그는 아이스링크에서 피겨스케이팅 공연과 함께 피아노 연주를 하는가 하면, 중국 선양瀋陽에 자신의 테마파크를 만들기도 했다. 이처럼 다양한 볼거리를 제공한 결과, 미국의 클래식 악기 회사 스타인웨이앤드선스Steinway & Sons Co.에서는 피아노 '랑랑 스타인웨이'가 출시되고 스포츠브랜드 아디다스에서는 '랑랑 스니커즈'를 출시하는 등 '랑랑 현상'이라는 신조어를 탄생시킬 정도의 찬사를 받고 있다.

텔레비전과 영화가 나타난 이후로는 자신을 시각적 볼거리로 제공해 명성을 높인 예술가들이 더욱 많아졌다. 1904년생 살바도르 달리는 스페인 출신의 화가다. 그러나 그는 작품보다 기괴한 옷차림으로 기행을 일삼으며 자신을 볼거리로 제공하면서 더욱 유명해졌다. 칼날처럼 양옆으로 뻗은 수염과 시선을 모으는 기괴한 차림으로 대중매체를 장식했다. 그는 대중의 인기에 힘입어 자신의 예술 영역을 영화, 조각, 사진으로까지 넓혔다. 월트 디즈니사와 합작 영화를 만들고, 단편 만화인 〈데스티노Destino〉로 아카데미상 단편 만화 부문 수상 후보에까지 올랐다.

살바도르 달리는 평소에도 자신이 무어인의 혈통이라며 아라비아의 신들이나 입을 법한 괴상한 옷을 입고 다녔다. 그의 이런 기행은 예술 작품으로 예술적 공감대를 얻기보다는 오직 대중의 관심만을 자극하려 한다는 비평가들의 비난을 사곤 했다. 그러나 그는 오늘날까지 세기의 예술가로 사랑받고 있으며, 1982년에는 스페인 국왕에게 후작 작위를 받았다. 또한 그의 패션은 상품으로 진화돼 오늘날 우리나라에서까지 비싼 가격으로 날개 돋친 듯 팔려 나가고 있다.

1928년생 앤디 워홀은 시각주의 예술 운동의 선구자다. 대중적인 예술의 가치를 폄하하는 지성인들에게 "나는 팝아티스트다. 나는 그림을 팔아 돈을 벌고 싶다"라고 당당히 말하며 팝아트를 추구했다. 이 발언은 당대 비평가들로부터 속물이라는 비웃음을 샀지만 지금은 그가 장담했던 대로 그의 그림이 잭슨 폴록, 파블로 피카소, 구스타프 클림트의 작품보다 비싸게 팔린다. 그는 항상 검은 터틀넥 셔츠를 고수했는데, 이는 점차 지성인을 상징하는 아이콘으로 자리 잡았다. 실제로 검은 터틀넥은 미국의 감각 있는 예술가와 지성인들의 트레이드마크가 되었다. 기술자라기보다 예술가로 불리기 원했던 스티브 잡스의 검은 터틀넥 셔츠도 여기서 온 것이다.

대중음악가 중 세계적 반향을 일으킨 사람치고 자신을 볼거리로 만들지 않은 사람은 없다. 1935년생 엘비스 프레슬리는 미국 대중음악을 세계적 관심거리로 급부상시킨 인물이다. 그는 가난한 흑인 밀집 지역인 미시시피 주에서 태어났고, 고등학교 졸업 후 한때 전기 회사의 화물 트럭 운전수로 일했다.

그 당시 엘비스의 어머니는 아들이 노래하는 것을 무척 좋아했다고 한다. 그래서 엘비스는 자신이 트럭을 몰고 멀리 나가 있는 동안 들을 수 있도록 어머니의 생일 선물로 자신의 노래를 레코드로 제작하려고 했다. 이 주문을 받아 레코드를 제작하던 선 레코드사의 매니저 매리언 키스커Marion Keisker가 사장 겸 프로듀서인 샘

필립스Sam Philips에게 엘비스 프레슬리를 소개했다. 백인이면서도 흑인의 목소리를 가진 가수를 찾고 있던 샘은 엘비스 프레슬리의 노래를 듣고 바로 스카우트했다. 그의 목소리는 금세 대중으로부터 폭발적인 호응을 얻었다.

그러나 엘비스 프레슬리를 하루아침에 유명하게 만든 것은 노래뿐만이 아니었다. 기독교적 규범이 엄격한 미국 남부 지역에서 섹스 장면을 연상시키는 다리 떨기 춤을 선보인 것이 그를 일약 스타로 만드는 데 일조했다. 교회는 외설적이라고 비난하고, 청년들은 미친 듯이 그를 흉내 내며 그의 음악을 추종했다. 볼거리의 파워를 실감한 엘비스와 선 레코드사는 그의 무대의상 전면에 보석 같은 유리구슬을 붙이고 머리에 독특한 가발을 씌워 시각적 이미지를 더욱 강조했다. 한때 우리나라에서도 원로 가수 남진 씨가 그의 다리 떨기와 화려한 의상을 흉내 내 큰 인기를 누리기도 했다.

1958년생인 마이클 잭슨 역시 자신을 최고의 볼거리로 만들었는데, 그의 패션은 항상 새롭고 신선해 언론의 주목을 한몸에 받았다. 그가 착용했던 다이아몬드가 박힌 야구 장갑과 문워크 신발이 불티나게 팔려나갔고, 그가 무대에서 직접 착용했던 특이한 의상들은 그의 사후에 경매에서 천문학적 금액으로 낙찰되었다.

마이클 잭슨이 노래를 잘하는 가수임에는 틀림이 없다. 그러나 남들이 따라 하기 힘든 유연한 춤과 그런 춤을 뒷받침할 의상을 이용해 자신을 최고의 볼거리로 만들지 못했다면 음악적 재능의 반은 파묻혔을 것이다.

마이클 잭슨과 나이가 같은 마돈나 역시 아찔한 란제리 차림으로 무대에 서는 등 자신을 최대의 볼거리로 만들어 화제의 중심에 서곤 했다. 50대 후반인 지금도 하의실종 옷차림으로 딸과 실랑이하는 모습을 언론에 노출시키곤 한다.

예술가나 연예인만 자기를 볼거리로 만들어 명성을 높인 것은 아니다. 1950년생 리처드 브랜슨Richard Branson은 독특한 성격으로 이름난 영국의 거부 CEO다. 그는 독특한 패션과 기행으로 회사의 걸어다니는 홍보판 노릇을 자청해서 한다. 신상품이 출시되면 뉴욕으로 건너가 탱크를 몰고 월 스트리트에 나타나는가 하면, 패러글라이딩으로 타임스퀘어에 착륙하기도 했으며, 여러 번의 시도 끝에 열기구를 타고 세계 일주도 했다. 그는 카리브 해 연안의 땅을 대부분 소유하며 영국 최고의 재벌로 성장하기까지 이렇듯 수많은 기행과 독특한 패션으로 자주 뉴스의 중심에 섰다.

우리나라 연예인 중에도 볼거리 제공으로 명성을 높인 사람들이 많다. 가수 서태지 씨는 컴백할 때마다 노래는 물론 패션으로 팬들의 시선을 붙잡았다. 이후 비밀리에 치른 결혼과 이혼, 그리고 열여섯 살 연하 배우와의 재혼 등으로도 많은 주목을 받았다. 걸그룹과 아이돌의 옷차림도 늘 이슈가 된다. 이들의 볼거리는 가수의 명성에 플러스알파 요인이라고 할 수 있다.

2011년 영국의 유력 음악 주간지는 기행과 특이한 패션으로 대중의 시선을 사로잡은 미국의 팝스타 레이디 가가가 "페이스북과 트위터, 유튜브 등 소셜 미디어 부분을 통틀어 전 세계에서 가장 인기 있는 스타 1위에 선정됐다"고 밝혔다.

당시 레이디 가가의 페이스북 친구는 약 2,700만 명, 트위터 팔로어도 780만 명 정도로 집계되었다. 2010년 10월에는 유튜브 동영상 조회 수 10억 명을 돌파, 유튜브 동영상 최고 검색 스타로 선정되기도 했다.

레이디 가가는 트위터와 페이스북으로 24시간 팬들과 교감한다. 그 덕분에 데뷔 2년도 채 되지 않아 세계적인 스타로 부상했다. 미국 광고 전문지 〈에드 에이지Ad Age〉는 2011년 2월 22일에 "소셜 미디어를 활용해 핵심 상품을 판매하는 데 레이디 가가를 따라갈 만한 마케팅 전문가는 없다"고 단언했다. 레이디 가가가 페이스북에 뉴욕 맨해튼의 한 클럽에서 공연을 한다는 글을 남기면 즉시 유명 블로거들이 소식을 퍼뜨려 눈 깜짝할 사이에 전석 매진이 이루어진다. 레이디 가가는 자신의 유튜브 채널에 매주 공연이나 촬영 관련 동영상을 올린다.

매혹적인 볼거리를 제공하려면 예술과 패션을 이해해야 한다. 괴상한 차림을 한다고 해서 무조건 볼거리가 되는 것은 아니다. 창의적이면서 예술적 가치가 있어야 한다. 어설프면 눈총이나 받기 때문에 특이한 차림을 하려면 자신 있게 연출해야 한다. 패션 잡지 구독과 전시회 관람 등이 잦을수록 볼거리 아이디어를 많이 얻을 수 있다.

매혹적인 볼거리에 꼭 자신의 외모만 소재로 사용할 수 있는 것은 아니다. 목적이 분명하면 어디서든지 발굴할 수 있다. 이미 많은 사람들이 소셜 미디어에 올리고 있듯 특이하거나 맛있는 음식, 길거리 의상을 사진으로 찍어서 올릴 수도 있다. 마구잡이로 올리기보다 사람들이 주목할 만한 볼거리를 찾는 노력이 필요하다. 늘 카메라를 휴대하고 다니며 길거리 상황이나 눈에 띄는 장면들을 스케치하듯 자주 찍어보면 점차 무엇이 볼거리가 되는지, 무엇이 내가 전하려는 메시지를 함축적으로 보여줄 그림이 되는지 알게 된다.

매혹적인 볼거리는 간단하지만 임팩트 있는 설명으로 메시지가 완성된다. 그림에 철학과 의도가 담기면 누구든 마음을 빼앗기게 된다.

정직한 말이 곧 인간관계다.

인간관계를 살려내는 매혹적인 대화법

—

"거짓말쟁이는 아무리 진실을 말해도 아무도 믿어주지 않는다."

학문 전반에 걸친 백과사전적 학자로, 현대 교과 과정의 거의 모든 텍스트의 기초를 만든 고대 그리스의 철학자 아리스토텔레스 Aristoteles가 한 말이다.

아리스토텔레스는 2,500년 전에 이미 인간관계와 말의 밀접한 관계를 주장했다. 그중에서도 정직한 말이 인간관계에 있어 얼마나 중요한지를 강조했다.

플라톤, H. D. 소로 등 많은 석학들도 말이 곧 인간관계임을 거듭 설명해 왔다. 심지어 바빌로니아 율법서에도 정직한 말의 중요성을 강조한 부분이 전해진다.

1813년에 덴마크에서 태어난 종교 철학자이자 실존주의의 선구자인 키에르케고르S. Kierkegaard는 이렇게 말했다.

"사람의 행복은 90%가 인간관계에 달려 있다."

누구나 이 말에 동의할 것이다. 그럼 지금부터 인간관계를 살려내는 매혹적인 말하기에 대해 알아보자.

수직적 대화에서
수평적 대화로

|

"이럴 거면 회사 트위터를 왜 개설했는지 모르겠어요."

30대 초반의 잘생긴 청년이었다. 벌떡 일어서서 얼굴을 붉히며 말했다. 소셜 미디어 관련 세미나 강의를 막 끝내고 질문을 받는 시간이었다. 첫 질문자인 청년은 약간 흥분한 듯 얼굴이 상기되었다. 청중의 시선이 일제히 그에게 쏠렸다. 한꺼번에 많은 시선을 받자 청년은 잠깐 머쓱해했다. 그러나 내친김에 다 말하겠다는 의지가 엿보였다.

"우리 회사는 사원을 위한 트위터 계정을 열었습니다. 사장님은 항상 의욕이 앞서는 분입니다. 사원들 의견을 지휘 계통을 거치지 않고 직접 듣겠다고 하셨습니다. 권위적이고 다혈질인 사장님 태도가 변할 모양이라고 기대했습니다. 하지만 뚜껑을 열고 나서 실망했습니다. 조금도 변하지 않으셨거든요. 트위터에 올린 사원의 발언에 비판과 충고만 하십니다. 어쩌다 괜찮은 의견을 올린 직원들도 사장님 비판 한번 받으면 찔끔해서 더 이상 글을 올리지 않습니다. 그렇다 보니 사장님만 열심히 글을 쓰십니다. 사장님 글은 대부분 평소에도 질리도록 듣는 설교입니다. 직원들은 절대 읽고 싶어 하지 않습니다. 사장님이 눈치채고 임원들을 통해 당신 글을 강제로 읽으라고 하는가 하면 사원들에게 글을 올리라고 강요도 하십니다. 저희 회사 트위터는 더 이상 사내 대화 도구가 아닙니다. 짜증 도구입니다."

청년의 열정적인 발언이 끝났다. 여기저기서 "그런 회사 많아요. 우리 회사도 그래요" 하고 동조했다. 대화 도구가 바뀐다고 해서 저절로 대화 품질이 업그레이드가 되는 것은 아니다. 대화 품질은 소통 의지가 담겨야 향상된다.

최근 내 페이스북 담벼락에 "회사에서는 최소한의 일만 해요"라는 제목과 함께 사원들이 왜 회사에서 업무보다 다른 일로 시간을 보내는가에 대한 글이 올라왔다. 윗사람의 권위적인 화법에 대한 반발로 회사에서 시간 때우기를 했던 경험담들이 수십 건 댓글로 달렸다. 대부분 권위적 지시를 얼마나 기발하게 잘 피하고 있는가에 대한 무용담이었다. 윗사람이 계급장을 내세우며 권위적으로 말하면 통솔은커녕 직원들의 대화 회피, 업무 소홀로 이어지는 것을 여실히 볼 수 있었다.

일본 기업들도 계급을 앞세워 권위적으로 대화하는 태도가 기업 경쟁의 큰 걸림돌인 모양이다. 일본의 지성인들은 일방적 지시가 관행적인 회사는 자율성을 침해받기 싫어하는 신세대 인재 영입이 어려워 쇠퇴하기 쉽다고 경고하고 있다.

그런 일본 기업계에 신선한 바람을 일으키는 경영인이 나타났다. 주인공은 90세 노인이다. 자동차 배기가스와 수질, 대기오염 측정 장치, 반도체 시스템 기기 등을 생산하는 벤처 기업 호리바 제작소의 창업자이자 최고 고문인 호리바 마사오堀場雅夫 씨. 그의 신조는 "모난 사람이 모나지 않은 사람보다 더 뛰어날 가능성이 높다"라고 한다. "삐딱한 직원과도 소통할 수 있어야 회사에 인재가 모인다", "삐져나온 못은 더 삐져나오게 하라"고 주장한다. 또한 "재미있게 일하면 일의 능률이 오른다. 누가 시켜서 마지못해 할 때보다 2~3배 능률이 오른다. 10명이 하던 일을 4~5명이 할 수 있다"는 철학으로 회사를 경영한다.

이 회사의 모든 사원들은 최고 경영진과 계급장 없이 말하는 문화가 정착되어 있다고 한다. 그 결과 최대의 불황 속에서도 자동차 배기가스 측정 장치 세계 시장 점유율이 80%를 넘었다. 13개 계열사의 2008년 매출이 1,342억 엔약 1조 7000억 원이 되었고, 전체 직원도 약 5,500명으로 늘었다.

부모의 계급장 역시 부모와 자녀 간의 대화 단절의 원인이 된다. 부모는 흔히 계급장을 내세우며 자식을 부모 입맛에 길들이려고 한다. 그런 대화의 반복은 자녀의 창의성을 무너뜨린다. "공부는 하지 않고 멋만 부린다", "쓸데없는 짓 그만하고 공부나 해"라는 말들이 그렇다. 요즘 아이들은 스마트폰과 소셜 미디어 등이 가져온 수평적 대화에 익숙하다. 부모가 가르쳐주지 않아도 수평적으로 대화하는 것에 이미 익숙하다. 그런 아이들에게 부모가 계급장을 앞세워 말하면 순응하는 대신 반발심만 키울 뿐이다.

2009년, 열두 살의 타비 개빈슨Tavi Gavinson은 전 세계 패션 디자이너들이 꿈꾸는 뉴욕 패션 위크에 초대를 받아 VIP석에서 쇼를 관람했다. 그녀가 어린 나이에 그런 영광을 차지한 것은 패션 블로거로 큰 인기를 끌어서다. 그녀의 블로그는 개설 2년 만에 방문자가 하루 평균 400만 명 이상이었다. 그녀는 막 걷기 시작했을 때부터 멀쩡한 엄마 옷을 가위로 자르고 꿰매 붙이기를 좋아했다. 엄마도 야단치지 않고 지켜보았다. 직접 코디한 옷을 입고 찍은 사진을 블로그에 게재하자 단박에 인기를 모았다. 세계적인 디자이너들이 같이 일하자고 너도나도 러브콜을 보내왔다. 열네 살부터는 기성품 의상을 리폼하거나 자신만의 방식으로 다시 디자인해 판매함으로써 세계적인 스타일리스트가 되었다. BBC 등 세계 주요 언론에서도 그녀를 소개했다.

영국 시골 마을의 열두 살짜리 소녀 케이티 스타글리아노Katie Stagliano도 주목할 만하다. 그녀는 텃밭에 재배한 양배추를 트위터에 올려 순식간에 다 팔았다. 재미가 붙자 공터를 가진 지주들을 만나 공짜로 땅을 얻은 뒤 갖가지 농작물을 재배해 판매했다. 그녀가 수확한 야채들은 비료 없이 길렀는데도 맛이 월등히 좋고 싱싱했다. 농학 박사들도 그녀의 농사 비결을 알아보러 빈번하게 찾아올 정도였다. 케이티 스타글리아노 역시 BBC에 소개되었다.

빌 게이츠, 스티브 잡스는 10대에 사업을 시작해 30대에 세계적인 거부가 되었다. 우리나라에서는 왜 그런 사람이 안 나올까? 컴퓨터 게임, 패션, 농사일에 빠질까 봐 노심초사하는 부모들의 계급장 언어 때문이다.

그렇다면 계급장 떼고 수평적으로 대화를 하려면 무엇을 실천해야 하는가? 반대 의견을 존중해야 한다. 상대방 의견이 마음에 들지 않아서 동의할 수 없더라도 존중하고 공감해 주어야 한다. 말단 직원이 사장님의 어깨에 손을 얹고도 말할 수 있도록 분위기를 편하게 만들어주어야 한다. 자녀가 실수를 두려워하지 않고 모든 것을 편하게 말할 수 있게 해주어야 한다. 소셜 미디어에서 만난 어린 친구의 당돌한 말 또한 신선하게 받아들일 줄 알아야 한다.

매혹적인 VS 전혀 매혹적이지 않은

상대에게 나의 메시지를 전달할 때 굳이 계급장이 필요한가? 이제는 가만히 책상에 앉아서도 전 세계인과 소통하는 수평적 시대다. 수직적 대화보다는 수평적 대화에 능숙한 사람이 훨씬 더 효율적으로 일하고 큰 영향력을 발휘할 수 있다.

매혹적인	전혀 매혹적이지 않은
• 사장과 직원을 떠나 우리는 좋은 파트너입니다. 이번 프로젝트에서도 우리가 얼마나 좋은 파트너인지 팀워크를 확실히 보여줍시다. • 공부가 힘들다니 마음이 아프구나. 엄마가 어떻게 도와주면 좋겠니? 특별히 하고 싶거나 배우고 싶은 다른 게 있니?	• 이번 프로젝트에는 회사의 사활이 걸려 있으니 다들 더욱 분발해서 기한 안에 끝마치도록 하십시오. • 힘들긴 뭐가 힘들다고 엄살이야? 네 성적을 보면 한숨부터 나온다. 도대체 커서 뭐가 되려고 맨날 그렇게 놀 궁리만 하는 거야?
• 계급장 없이도 충분히 상대를 설득할 수 있다. • 수평적 접근으로 상대의 거부감을 반감시킨다. • 수평적 관계를 확장시켜 다양한 계층, 다양한 문화의 사람들과 접촉한다. • 지위가 낮거나 나이가 어린 사람의 의견도 옳다고 여겨지면 적극 수용한다.	• 계급장을 내밀어 상대를 압박하고 힘을 과시한다. • 상대에게 거부당하는 것을 참지 못하고, 대화에서도 남보다 우위를 차지하고 싶어 한다. • 회사나 가정 안에서의 관계가 썩 매끄럽지는 않지만 무능하다는 말은 듣지 않는다. 그러나 수평적 관계로 타인을 만났을 때는 한없이 무능한 자신을 발견한다.

반전으로 뇌의 격동성을 만족시키는 말은 매우 매혹적인 말이 된다.

무료하지 않게
뇌를 격동시켜라

|

인간의 두뇌는 쉬지 않고 일한다. 수면 중에도 쉬지 않는다. 이 활동이 지나치면 선명한 꿈을 꾸는 뒤숭숭한 잠자리가 되어 자는 사람을 괴롭히기도 한다. 명상하려고 할 때, 잡념이 머리를 어지럽히는 것도 뇌가 쉬는 것을 못 참기 때문이다. 이처럼 인간의 두뇌는 극심한 노동에 시달리는 것보다 심심한 것을 더 못 참는다.

은퇴자들이 갑자기 폭삭 늙어 보이는 것은 심심함으로부터 오는 고통의 크기를 말해준다. 지인 한 사람이 연로하신 어머니를 요양원에 보냈는데 몇몇 할머니들이 너무 괴롭힌다고 해서 경제적 부담에도 불구하고 어머니를 혼자 지낼 수 있는 다른 시설로 옮겨 드렸다고 한다. 그런데 채 한 달이 되지 않아서 어머니가 너무 무료해서 죽을 것 같으니 차라리 예전 요양원으로 다시 옮겨달라고 하시더란다. 구박을 받더라도 신경 쓸 일 있는 곳이 나을 것 같다는 것이다. 얼핏 생각하기에 인간은 편하면 그저 좋을 것 같지만 너무 무료한 것은 못 참는 법이다.

인간의 두뇌는 본성적으로 격동을 즐긴다. 추측과 공상, 상상으로 격동적인 상황을 만들어야 안심한다. 고통을 많이 겪었어도 역경을 이겨낸 사람은 활기차다. 뇌의 격동성 덕분에 나이가 들어도 젊음을 오래 유지할 수 있기 때문이다. 빤한 스토리는 뇌의 격동성을 잠재우고 뇌를 불편하게 한다. 지루하고 졸린 것도 그 때문이다. 빤한 이야기가 아닌 반전으로 뇌의 격동성을 만족시키는 말은 매우 매혹적인 말이 된다.

SNS에 올린 사진 한 장으로 인기를 누린 청년을 한 모임에서 만났다. 미국 유학을 다녀온 젊은 미혼 남성이었다. 청년은 치아가 좋지 않아 치료하는 1년 정도를 죽만 먹어야 했다. 매일 똑같은 죽을 먹으니 지겹기도 하고, 힘도 나지 않아 스스로 죽을 쒀서 먹기 시작했다. 특히 고구마로 죽을 쑤어 보니 맛과 영양이 환상적이었다. 먹기 전에 사진을 찍어 SNS에 올렸더니 레시피를 알려달라는 요청이 쇄도했다. 출판사로부터 죽에 관한 책을 내자는 연락도 받았다. 젊은 미혼 남성이 개발한 '고구마 죽'이 사람들의 뇌를 격동시킨 것이다.

드라마는 항상 엔딩을 극비로 한다. 스포일러가 생겨 엔딩이 누설되면 비상이 걸린다. 그 경우, 사람들의 뇌를 격동시킬 반전 장면을 부랴부랴 다시 찾기도 한다. 스타벅스 CEO인 하워드 슐츠는 처음에 소수의 커피 애호가들을 위한 동네 카페인 스타벅스에 마케팅 디렉터로 입사했다. 그는 이탈리아 밀라노에 출장을 갔다가 에스프레소 바에 사람들이 붐비는 것을 보고 올드하고 소수 마니아만을 위한 커피숍이었던 스타벅스를 지금과 같은 현대적인 카페로 바꾸자고 건의했다. 하지만 창업주들은 반신반의하며 그의 의견을 무시해 버렸다. 그리하여 하워드 슐츠는 회사를 나와 직접 카페를 차렸고, 스타벅스를 인수했다. 놀랍게도 하워드 슐츠의 카페는 사람들의 뇌를 격동시켰다. 인스턴트 커피에 질린 미국인들이 대거 몰려든 것이다. 그 여파로 스타벅스의 체인점 수도 불 번지듯 늘었다.

평소 연예인 이야기를 잘 하지 않던 사람이 영화 감상 후 주제에 대한 철학적 평이나 주인공 캐릭터나 배경음악, 의상, 소품 등에 대해 해박하게 말한다고 생각해 보자. 그의 반전이 타인의 뇌를 격동시킨다. 평소 음악을 잘 듣지 않는 것처럼 보이던 사람이 말하는 최신 음악에 대한 풍부한 상식 역시 상대방의 뇌를 흥분시킬 수 있다.

타인의 뇌를 격동시키면 간단한 대화로도 상대방을 매혹할 수 있다. 그러려면 이야기를 할 때 일어난 순서대로 말하지 않고 중요한 부분은 긴장감을 조성한 다음에 맨 마지막에 말하는 것이 좋다. 이런 식으로 말을 하려면 평소에도 미리 머릿속으로 이야기의 구성을 짜야 한다. 생각나는 대로 말해서는 안 된다. 평소 사소한 경험이나 에피소드를 메모하는 습관을 가지면 이야기 구성이 보다 쉬워진다. 타인을 매혹하려면 그 정도의 수고는 감수해야 한다.

추측하지 말고
고백을 끌어내라

|

인간은 수학 공식처럼 일정한 패턴으로 읽히지 않는다. 매우 비정형적인 존재다. 지금은 예전에 비해 과학이 획기적으로 발전했다지만, 인간복제는 여전히 요원하다. 예측이 어려운 존재이기 때문일 것이다. 추측을 기정사실화하면 수많은 오해가 생긴다. 오해 때문에 10년 지기와 소송까지 갈 수도 있다.

"네 아랫니가 많이 비뚤어졌구나." 이는 내가 아들 군 면회를 가서 한 말이다. 아들 아랫니를 처음으로 근접 관찰했다. 청소년기에 교정을 해주지 못한 것이 미안했다. 아들은 "You never look at me 엄마는 저를 자세히 관찰한 적이 없으시잖아요"라고 말했다. 한국어로 말하면 비난처럼 들릴까 봐 영어로 말한 것 같다. 아무래도 외국어는 장갑 끼고 가려운 데 긁는 격이니까. 그런데도 그 말을 들은 나는 한 방 맞은 기분이었다. 엄마니까 아들의 신체 결함을 다 꿰고 있다고 믿었는데, 나만의 착각이었다. 윗니가 고르니까 아랫니도 당연히 그럴 거라고 추측한 게 미안했다. 상대에 대한 성급한 추측은 이처럼 가까운 사람에 대해서도 무지하게 만든다.

고정 출연하던 한 방송 프로그램의 진행자였던 영화감독과 나눈 이야기다. 방송 중에 "부인께서는 무슨 음식을 좋아하세요?"라고 물었다. 그는 약간 당황해하며 "그런 것 물어본 적 없는데……"라고 대답했다. 그러더니 집에 가서 꼭 물어보고 다음 주에 알려주겠단다. 그날 방송은 가까운 배우자에게도 무슨 음식을 좋아하는지, 무슨 음악을 좋아하고, 무엇을 할 때 행복한지, 나랑 사는 게 재미있는지 등을 물어 제대로 알고 있어야 한다는 내용이었다. 그래야 진정한 소통을 할 수 있기 때문이다.

일주일 뒤 그 진행자는 부인의 대답을 가지고 왔다. 하지만 부인의 대답에 꽤나 충격을 받았는지 "내가 여태 헛산 것 같아"라고 말문을 열었다. 부인이 "고등어조림 빼고 다 좋아한다"고 대답했단다. 그의 식탁에는 하루도 거르지 않고 고등어조림이 올라왔다. 그는 고등어조림 없이는 밥을 못 먹을 정도의 고등어 마니아였다. 당연히 부인도 고등어조림을 좋아할 것이라고 추측하고 아무 생각없이 20년을 살았단다. 부인의 대답을 듣고 깜짝 놀란 것이 당연했다. 결혼 후 처음으로 부인에게 "그런데 왜 매일 고등어조림을 상에 올렸어?"라고 물었더니, 부인은 "당신이 고등어조림 없이는 밥을 못 먹잖아"라고 대답하더란다.

배우자가 무엇을 잘못하고 비위를 거스르는지는 낱낱이 알면서 무슨 음식을 좋아하고 싫어하는지는 모르는 부부들이 많다. 그저 "이 사람은 이럴 것이다"라는 추측에 의지해 일생을 같이 사는 부부가 얼마나 많을지 궁금해진다.

결혼한 지 100일 된 신혼부부 이야기다. 신부는 허니문 베이비를 임신한 상태였다. 회사에 다녀온 남편이 식탁에 휴대전화를 던져두고 후다닥 화장실로 갔다. 문자 오는 소리가 들렸다. 부인이 별생각 없이 들여다보았더니, "오빠, 지금 뭐 해? 나 너무 외로워"라는 문자가 와 있었다. 남편이 자신을 남편 의심이나 하는 속물로 보는 것이 싫어 일단은 아무렇지 않은 척 행동했다. 하지만 의심은 의심을 낳는 법이다. 그날부터 퇴근하는 남편이 반갑지 않았다. 할 수만 있다면 의심의 꼬리를 싹둑 자르고 다시 예전처럼 지내고 싶었지만 소용이 없었단다.

나에게 털어놓고 조언과 격려에 힘을 얻은 그녀는 간신히 용기를 내 남편에게 문자에 대해 물었다. 남편은 결혼 전에 사귄 여자였으나 그 여자가 스토커여서 헤어졌다는 사실을 솔직하게 말했다. 부인은 그 말에 겨우 마음이 진정되었다고 한다.

이처럼 추측은 마음의 병을 낳는다. 상상은 온갖 오해를 부풀린다. 오해는 다시 분노를 낳는다. 그리고 분노는 하지 말아야 할 말을 하게 만든다.

추측으로 오해를 키우는 대신 상대의 고백을 끌어내면 불필요한 갈등을 많이 줄일 수 있다. 사람은 누구나 이야기보따리를 하나씩 차고 산다. 고백할 분위기를 만들어주면 속을 뒤집어서라도 내보이고 싶어 한다. 후유증, 부끄러움, 체면, 눈치 때문에 입을 열지 못할 뿐이다. 누군가가 고백의 기회를 만들어주면 오히려 고마워하는 사람이 많을 것이다.

고백을 끌어내는 대화법은 생각보다 어렵지 않다. 추측을 철저히 배제하고 상대방의 태도와 언행을 관찰한 대로 묘사하면 된다. 예를 들어보자. 직원이 하루 종일 음악만 듣고 근무는 태만히 하는 것 같다. 근무 태만이라는 추측을 배제하고 "하루 종일 음악을 듣는군"이라고 사실만 묘사한다. 상대방이 "음악을 들어야 좋은 아이디어가 나오니까요"라고 솔직히 대답할 수도 있다. 그럴 때는 속 끓이지 말고 좋은 아이디어를 낼 때까지 기다려주거나, "볼륨을 약간 줄여주면 좋을 텐데……"라고 부드럽게 내 생각을 말하면 금세 수용할 것이다.

공부는 하지 않고 컴퓨터 게임만 하는 자녀가 있다고 하자. 부모가 다짜고짜 "게임 좀 그만해!"라고 소리치지 않고 추측을 최대한 배제하여 "게임만 하는구나"라고 말할 수 있다. 아이는 부모의 말을 듣고 게임을 많이 하는 이유와 공부는 언제 할 것인지를 털어놓을 것이다. 그렇게 되면 게임하는 시간을 오해와 갈등 없이 기분 좋게 조정할 수 있다.

고백을 끌어내는 대화법으로 상대방에게 충분히 자랑할 기회를 만들어주면 더욱 매혹적인 시간을 가질 수 있다. 사람은 누구나 자기가 알고 있는 것을 타인에게 알려주고 싶어 한다. "새로 나온 스마트 기기에 대해 훤하시네요"라고 말하면 그는 자기가 알고 있는 스마트 기기 지식을 다 털어놓을 것이다. 상대가 잘 아는 분야에 대해 질문을 던지면 상대는 자랑을 겸해 알고 있는 지식들을 총동원하여 설명할 것이다.

당신이 눈치 9단일지라도 추측을 잠시 배제하고 사실만 묘사해서 고백을 끌어내면 얼마든지 매혹적인 대화를 할 수 있다. 추측을 기정사실화해서 말하는 것만큼 기분 나쁜 것이 없다. 이는 인간에 대한 예의가 아니다. 모르는 부분에 대해서는 물어보는 것이 당연하다. 그러나 한꺼번에 많은 질문을 퍼붓는 것은 잘못하면 상대방으로 하여금 취조당하는 기분이 들게 할 수 있다. 따라서 당신이 상대를 보고 있는 느낌이나 생각을 잘 드러내면서 말하는 것이 중요하며, 바로 그때 상대가 말문을 열게 된다. 상대방의 숨겨둔 과거사, 공개를 꺼리는 가족사 등을 들은 다음에는 사적 영역까지 드나들 만큼 친해지기도 쉽다. 사람의 마음은 단단한 조개껍데기 속에 숨은 부드러운 살을 닮았다. 조개는 안에서 문을 닫으면 바깥에서는 열기 어렵다. 반대로 스스로 문을 열 때는 내부에 있는 살까지 드러내며 보여준다. 사람의 마음도 가벼운 자극으로 스스로 문을 열게 하면 아낌없이 내부의 이야기를 쏟아내게 되어 있다.

이제는
매혹적인 대화법이
이긴다

매혹적인 VS 전혀 매혹적이지 않은

성급한 추측은 상대를 짜증나게 할 수 있다. 상대의 이야기를 끝까지 듣고 상대의 마음 상태와 생각을 다시 물어보자. 상대가 자신의 속마음을 꺼내 이야기할 때까지 기다릴 줄 알아야 한다.

매혹적인	전혀 매혹적이지 않은
〈고백을 끌어내는 말〉	〈성급한 추측〉
• 최근 갑자기 말수가 줄어들었네요. 혹 저에게 섭섭한 일이라도 있으세요? • 밖에 중요한 일이 있는 모양이지? 나한테도 살짝 귀띔해주는 게 어때?	• 왜 갑자기 나에게 말을 안 하지? 혹시 나한테 뭔가 화나는 일이 있나? • 번번이 자리를 비우고 일은 하지 않는 것을 보니 이직을 생각하고 있는 게 틀림없어. 사실대로 털어놔 봐.
• 추측하는 말로 상대의 말을 끊지 않는다. • 아무리 눈치가 빨라도 상대의 마음을 예단하지 않는다. • 상대의 입장을 충분히 파악한 뒤 그가 진정으로 하고 싶은 말을 하도록 유도한다.	• 섣부른 추측으로 상대의 말을 끊는 일이 많다. • 상대의 마음을 예단하여 함부로 이렇다 저렇다 평가를 내린다. • 상대의 입장을 헤아리기보다는 내 생각을 전달하는 데 급급하다.

다름을 인정하려면 경험의 폭을 넓혀야 한다.

다름을
인정하라

|

1997년, 미국에서 공부하던 중에 《살아보고 결혼합시다》라는 책을 낸 적이 있다. 당시 미국은 이혼율 급증이 매우 골치 아픈 사회 문제였다. 해결책의 하나로, 혼전 동거를 통해 상대방에 대해 탐색한 후 결혼하는 것이 유행이었다. 그러한 사회현상과 원인을 나름 분석하고자 펴낸 책이었다. 그러나 제목만 보고 항의 전화가 빗발쳤다. 나이 지긋한 남자분들은 일방적으로 "당신은 살아보고 결혼했느냐? 나이가 몇인데? 미친 짓 아니냐?" 등의 막말을 던지고 뭐라고 채 답변하기도 전에 전화를 거칠게 끊기도 했다. 당시만 해도 인터넷이 활성화되지 않았다. 지금처럼 인터넷과 소셜 미디어가 발달되었다면 더 심한 악플에 시달리다가 우울증에 걸렸을지도 모른다.

사실 그때까지도 우리 사회는 다름을 말하면 금세 적대시했다. 물론 지금은 조금 달라졌다. 그러나 여전히 다름을 인정 못하는 사람들이 많다. 자신의 견해와 약간만 다르게 말해도 적대적으로 대응해 소통을 단절하는 사람들이 종종 있는 것이다.

외국인 근로자 수가 늘면서 인종차별이나 편견으로 국제 망신을 당하는 일도 점점 늘고 있다. 성공회대학교의 교환 교수로 재직

중이던 인도 청년이 서울 시내버스 안에서 승객 한 명에게 인종적 모욕을 당한 일이 언론에 보도된 적도 있다. 입으로는 글로벌 시대를 외치지만 다름을 인정하지 못해 마음으로는 잘 받아들이지 못하는 사람이 아직 많은 것이 현실이다.

2007년쯤 작은아들이 이탈리아인 여자 친구를 서울로 초청했다. 그녀에게는 아시아 초행길이었다. 한국말도 전혀 하지 못했다. 대신 영어 동시통역 전공자였다. 하루는 그녀가 유럽인 특유의 모험심이 발동해 혼자 코엑스에 갔다가 황당한 일을 겪었다. 한 상점에서 마음에 드는 물건을 발견해 영어로 가격을 물었더니, 당황한 종업원이 자신은 영어를 못한다는 의미로 두 팔로 X 자를 그어 보인 모양이다. 놀랍게도 이 표현은 유럽에서 마귀를 쫓을 때 취하는 적대적인 제스처로 유럽인들에게는 끔찍한 욕이었다. 그녀는 왜 한국인이 자기를 마귀로 보느냐며 크게 흥분했다. 하지만 아들에게 그 제스처가 "I can't speak English"를 의미한다는 바른 설명을 전해 듣고 나서는 '다름'을 쿨하게 받아들였다. 만약 그녀가 다름을 인정하지 못했다면 자신을 마귀 취급한 한국 사람을 어떻게 생각했을까?

다름을 인정하지 못하면 편견에 갇히고 대화가 막힌다. 나와 조금만 달라도 적개심을 가지고 경계하기 쉽기 때문이다. 그래서 편견에 갇히면 사교의 폭이 더 좁아지고 홀로 고립되기 쉽다.

낯선 것을 경계하는 것은 인간을 포함한 모든 동물의 본능이다. 정글에 사는 동물들은 낯선 것에 더욱 민감하다. 간혹 낯선 것과 타협하면 곧 죽을 것이라는 태도로 결사 항전하는 경우도 종종 있다. 인간이 동물과 다른 점은 학습으로 인해 낯선 것을 적대시하는 동물적인 본성을 포용하는 이성으로 감쌀 수 있다는 점이다. 편견은 다름에 촉각을 세우는 동물적 본성이고, 다름을 수용하는 것은 인간다운 학습의 결과라고 말할 수 있다.

그러나 인간에게는 여전히 사소한 다름에도 바로 경계심이 발동하는 본능이 남아 있다. 김치찌개는 멸치를 넣고 끓여야 한다고 생각하는 배우자에게 돼지고기 넣고 끓인 김치찌개가 더 맛있다고 우기며 싸우는 것도 동물적 본성이다. 다름에 대한 민감성은 인간적으로 웬만큼 성숙하기 전까지는 소멸되지 않는다.

그럼에도 그가 얼마나 인간화되었는가는 다름을 인정하는 정도로 측정할 수 있다. 다름을 인정하지 못하면 인종, 종교, 외모, 문화의 다름을 모두 공격 요소로 본다. 이렇게 늘 공격적인 동물의 자세를 유지하면 대화 상대의 폭이 좁아질 수밖에 없다. 나이, 인종, 문화에 상관없이 누구하고든 친교를 맺을 수 있는 소셜 미디어 시대를 역행하며 고립된 삶을 자처하는 것이다.

마음으로부터 다름을 인정하려면 경험의 폭을 넓혀야 한다. 1990년대 중반 무렵은 우리나라 사람 중에 흑인을 직접 접해본 사람들이 드물 때였다. 그 무렵 나는 미국으로 공부를 하러 갔다. 당시 한국에서 순환 보직 차원으로 파견을 온 남자들과 골프를 칠 기회가 종종 있었다. 그들은 흑인들을 보고 '연탄'이라고 부르곤 했다.

한번은 라운지에 있던 한 흑인 교수가 우리의 말을 들었는지, 한국말로 "나 연탄 아니다"라고 반박했다. 오산 미군 부대에서 3년 정도 근무했다고 했다. 그 자리에 있던 모두가 창피해서 쥐구멍에라도 들어가고 싶었다. 부끄럽지만 편견에 사로잡힌 모습을 돌아볼 수 있는 소중한 경험이 되었다. 적어도 지금은 그렇게 말하는 사람을 볼 수 없다. 그것이 도리어 자신의 체면을 깎아내리는 일이라고 인식하게 된 덕분이다.

지금은 아프리카나 남아메리카, 남극, 북극 등 아주 먼 곳이라도 해외 연수나 유학, 여행을 갈 기회가 많아졌다. 경험은 편견을 없애주는 중요한 요소다.

다름을 인정하려면 너그러워져야 한다. 모든 사람이 자신의 기준에 맞춰 행동해야 마음에 들어하는 편협한 마음을 완전히 버려야 한다. 자기 방식만을 일반화하는 오류는 자식에게는 잔소리, 직원들에게는 간섭, 동료들에게는 독선적 우김질을 하게 만든다. 말은 사고의 발현이다. 다름을 인정하지 못하면 매혹적 대화의 원천인 너그러운 말, 진정한 찬사, 따뜻한 격려의 말이 절대로 입 밖으로 나오지 않는다.

매혹적인 VS 전혀 매혹적이지 않은

사람들이 저마다 다르게 생겼듯이 모든 사람이 나와 같은 생각을 가질 수 없다. 같은 식구, 같은 조직에 있는 사람이라도 제각각의 생각을 가지고 있는 것이 당연하다. 경계심을 버리고, 서로의 다름을 인정하라.

매혹적인	전혀 매혹적이지 않은
• 너한테 그런 재능이 있는 줄 미처 몰랐는걸! 이번에 같이 일하면 서로 큰 도움이 되겠구나. • 솔직히 네가 그런 생각을 가지고 있다는 데 놀랐어. 하지만 널 이해하려고 노력할게. • 성 소수자들도 이제는 떳떳하게 살 수 있어. 괜한 선입견은 갖지 말자.	• 너랑 나랑은 생각부터가 달라. 물과 기름이나 마찬가지라고. 너랑은 절대 일하고 싶지 않아. • 널 절대 이해할 수 없어. 어떻게 그런 생각을 할 수가 있지? 정말 충격이고, 너에게 실망이 크다. • 내 주변에 성 소수자가 있다고? 상상도 할 수 없어!
• 나와 다른 생각에 대해 너그러운 마음을 갖고 있다. • 자기 생각, 자기 방식만을 고집하지 않는다. • 서로의 장점을 극대화시키고, 단점을 보완해 줄 방법을 찾는다.	• 편협한 사고로 다른 사람의 생활 방식이나 가치관을 비판한다. • 자기 생각, 자기 방식대로 일이 진행되지 않으면 화를 낸다. • 뜻이 다르면 애초부터 함께 일할 수 없다고 생각한다.

오만하지 않되
당당하게 말하라

제2차 세계대전을 종식시킨 영국 수상 처칠. 그는 미국 루스벨트 대통령의 도움 없이는 전쟁을 끝낼 수 없다고 판단했다. 당시 루스벨트는 재임 선거를 앞두고 있었고, 여론을 의식해 미군을 유럽의 전쟁터로는 절대 파병하지 않겠다고 공개적으로 장담했다. 처칠은 루스벨트를 설득하기 위해 미국으로 달려갔다. 그리고 국민과의 약속도 중요하지만 미군을 파병해야 세계대전을 끝낼 수 있다고 당당하게 말했다. 그렇게 하면 당신은 세계 평화를 가져온 위대한 인물로 역사에 길이 남을 것이라는 장담도 했다. 부탁 조가 아니었다. 결국 루스벨트는 처칠의 당당한 말에 설득되었다. 재임 선거에 치명적인 타격을 입을 수도 있었지만, 자신의 정치 생명까지 걸고 미군을 유럽 전쟁에 참전시킨 것이다. 이 결정은 결과적으로 세계대전을 종식시켰고, 두 사람은 세계 평화를 이룬 위대한 인물로 역사에 기록되었다. 더불어 루스벨트의 재선도 보장되었다.

현재 처한 자신의 형편에 상관없이 당당하게 말하면 설득에 성공할 확률이 높고, 어디서나 주목받을 수 있다. 절대로 안 될 것 같은 일도 해결할 수 있다.

당당하게 말하려면 먼저 자신에게 당당해져야 한다. 여러 회사에 원서를 넣고 기다리며 매일 조금씩 작아지는 당신, 면접관 앞에서 당당하게 말하기가 쉽지 않을 것이다. 그러나 몇 번의 고배를 마시건 "나는 해낼 것이다"라는 자기 확신만 있다면 수백 번의 면접을 치러도 당당하게 말할 수 있다.

한류 스타 배용준, 비, 할리우드의 전설적 배우 윌 스미스 같은 사람들도 수없이 많은 오디션 낙방 경력이 있다. 그들은 오디션 낙방의 아픔을 금세 털어내고 당당하게 새로운 오디션을 봤다. 그 덕에 연예계에 입성하여 최고의 자리까지 오를 수 있었다. 언젠가 찾아올 성공을 확신하면 지금의 초라한 상황도 성공으로 가는 과정으로 여기며 당당해질 수 있다.

당신이 만약 대기업 임원직에 사표를 내고 일인 기업가로 자립했다고 치자. 다니던 기업의 납품권을 따냈지만 이제는 대기업 임원이 아니라는 생각이 당당하게 말하는 것을 방해할 수 있다. 또 갑의 위치에 있는 담당자의 저가 공략에 떠밀려 손해를 감수하며 계약을 따야 하는 경우도 있다. 일인 기업가로 성공하려면 당신의 선택, 당신의 일, 당신의 새로운 직업에 대한 당당함을 간직해야 한다. 당신이 그 일을 남다르게 잘할 자신감이 있다면 굳이 고개 숙일 필요가 없다. 분명한 목소리로 일의 정확한 진행 상황, 투명한 견적서 등을 보여주며 당당하게 말해야 한다. 당당함이 저자세보다 신뢰를 높이고, 제값 받고 일하는 당당한 일인 기업가의 길을 열어줄 것이다.

　오만하지 않되 당당하게 말하려면 남과 나를 비교하는 습관부터 버려야 한다. 비교하면서 자신을 평가절하하면 스스로 위축될 수밖에 없다. 떳떳한 상황도 기어 들어가는 목소리로 설명하게 된다.

　가끔 마트에 장을 보러 가면 시식 코너에서 판매자들이 호객 행위를 하는 것을 볼 수 있는데, 그들의 모습에서 자신의 직업을 당당하게 여기는지 부끄럽게 여기는지 금세 알 수 있다. 자신의 직업을 부끄러워하는 사람은 기어드는 목소리로 호객한다. 눈은 고객이 아닌 시식 상품에만 고정되어 있다. 한편 고객의 눈을 바라보며 크고 당당한 목소리로 호객하는 판매원의 코너에는 손님들이 북적인다. 당당한 목소리로 그가 자신의 일에 자부심을 갖고 있다는 것을 보여주면 고객들도 신뢰를 하고 상품을 구매한다.

　자기소개만 들어봐도 자기가 하는 일에 어느 정도 자부심을 가지고 있는지를 쉽게 파악할 수 있다. 자기 이름, 경력 정도의 소개에 그치지 않고 앞으로의 포부까지 당당한 태도로 설명하면 "저 사람은 참 당당하다. 언젠가 따로 만나 이야기해 보고 싶다"는 마음이 저절로 생긴다.

　당당하게 말하려면 자신을 사랑해야 한다. 직업, 환경, 학력, 외모, 키, 재산을 염두에 두지 않고 자신을 있는 그대로 사랑하면 하는 말도 당당할 수밖에 없다.

성공 드라마 공식 중 하나인 신데렐라 이야기는 대개 신분 차이가 많은 남자와 사랑에 빠지는 가난한 소녀가 주인공이다. 거기에 반드시 보태야 하는 공식 하나가 더 있다. 가난한 소녀가 자신의 처지를 비관하지 않고 무척 당당하다는것이다. 다른 사람들은 신분 높은 남자 주인공을 어려워하고 고개도 제대로 못 들고 말하는데, 여자 주인공은 할 말 다 하고, 그 남자를 무시하기까지 한다. 그 뒤 남자는 그녀의 당당함에 매혹되어 부모의 결사반대를 무릅쓰고 기어이 그녀를 반려자로 선택한다.

오만하지 않되 당당하게 말하려면 자신의 일에 자부심을 가져야 한다. 타인이 아무리 하찮게 보아도 나만은 자부심과 열정으로 임해야 한다. 타인의 눈치, 충고에 휘둘리지 않고 자신의 내면이 원하는 일자리를 구해야 나만의 자부심을 유지할 수 있다.

랄프 왈도 에머슨도 "말 한마디가 자신의 초상화를 그려놓는 것과 같은 것이다"라고 말했다.

자수성가한 사람들을 보라. 원래부터 잘나간 것은 아니다. 처음에는 거의 평범했거나 그보다 못한 생활 속에서 고통과 인내의 시간을 보내면서도 스스로 자부심을 가지고 당당하게 행동함으로써 남다른 성공을 거둔 경우가 많다. 당당함은 매혹적인 대화의 근원으로서 나도 모르는 사이에 불가능한 일을 가능한 일로 만들어내는 원동력이 되기 때문이다.

매혹적인 VS 전혀 매혹적이지 않은

겸손도 때와 장소를 가려 사용해야 한다. 상대의 마음을 훔치고 싶다면 먼저 당신의 일에 자부심을 가져라. 또한 남보다 잘해 낼 수 있다는 자신감을 가져라. 그래야 어디서든 당당하게 말할 수 있다.

매혹적인	전혀 매혹적이지 않은
• 잘하도록 노력해 보겠습니다. • 저는 배움이 짧지만 일단 시작한 일은 철저히 해내는 편입니다. • 처음 해보는 일이지만 멋지게 해내고 싶습니다.	• 제가 잘할 수 있을는지는 모르겠지만 해 보겠습니다. • 저는 남들만큼 배우지 못해서 부족한 점이 많습니다. • 저는 그런 일을 해본 적이 한 번도 없습니다.
• 자신이 하는 일에 자부심을 가졌으며 열정이 넘친다. • 당당함으로 상대에게 신뢰를 준다. • 비관적, 부정적으로 생각하지 않고 되도록 긍정적으로 생각한다.	• 지나친 겸손으로 상대에게 신뢰를 주지 못한다. • 당당함과 오만함을 구분하지 못하고 매사에 거만한 태도를 유지하며, 상대로부터 대접을 받으려고 한다.

무리한 요구에
이성적 해결책을 제시하라

직장 생활에서의 가장 큰 스트레스는 인간관계다. 상사의 무리한 요구, 비인격적 언어, 동료와의 경쟁, 생각 없이 불쑥 상처 주는 말들, 후배들의 뻣뻣한 태도, 경영자의 무리한 요구, 경영자의 비전을 우습게 여기는 직원들의 태도 등이 그러한 예다. 무리한 요구, 기분 상하는 말에 이성적으로 대응하려면 어떻게 해야 할까? 매혹적인 대화법을 익히면 스트레스를 줄이는 직장 생활이 가능하다.

고향이 창원인 B씨는 중소기업의 대리다. 직장 생활 3년 차인 그가 맡은 업무는 잡다한 회사 살림부터 사장님 택배 관리까지 매우 다양했다. 집에서는 외아들이라 책임이 막중하지만, 회사일이 너무 바빠서 명절에나 겨우 아이들을 데리고 고향에 내려가 부모님을 뵐 수 있다. 대한민국에서 명절 기차표 사기는 천국 가는 표 사기만큼 힘들다. B씨는 명절이 다가오자 며칠 전부터 밤마다 인터넷 예매를 시도했다. 그러나 계속 컴퓨터가 다운되는 바람에 예매를 하지 못했다. 할 수 없이 B씨는 담당 부장에게 현장 예매로 표를 살 수 있게 역에 갈 수 있도록 조퇴를 시켜달라고 부탁했다. 다소 인색한 편인 담당 부장은 버럭 화를 내며 "직장인이 공과 사 구분을 못해? 퇴근하고 가면 되지"라고 딱 잘라 거절했다.

"내가 회사를 위해 얼마나 많은 일을 했는데 저렇게 말하지? 거의 매일 초과 근무를 하고도 수당 한 푼 안 받았는데 그 정도도 못 봐줘?" B씨는 약이 오르고 분했다. 부득이한 사정으로 미안해하며 두 시간 정도만 조퇴 좀 시켜달라는데 딱 잘라 거절하다니, 자존심이 상하기도 했다. 다음 날, 다행히 맞벌이하는 아내가 설 전날 저녁 기차표를 예매했다고 알려왔다. 연휴 중 하루는 그냥 버리는 셈이 되었지만 그나마 다행이다 싶었다. 아내와의 전화 통화 내용을 부장이 들은 모양이다. 며칠에 내려가는 표를 끊었느냐고 물어와서 사실대로 대답했다. 그것으로 끝났으면 좋았을 것이다.

금요일 오후 무렵, 사장이 사무실로 내려와 연휴가 화요일부터 시작되지만 특별히 월요일도 쉬게 해주겠다고 인심 쓰듯 말했다. "미리 말해줄 것이지", "표 예매할 사람들 생각도 좀 하시지" 등의 불평이 간간이 들렸다. 그런데 담당 부장이 한술 더 떴다. 사장에게 다 들리도록 큰 목소리로 B씨를 향해 "자네는 설 바로 전날 저녁 기차표를 끊었으니 월요일에는 회사에 나와서 뒷정리 좀 해놓고 내려가면 되겠네"라고 말했다. 그 말에 사장이 반색하며 말했다. "나야 그래 주면 고맙지" 명절 선물 택배를 수령할 사람이 생겨 반가움이 역력한 표정이었다.

B씨는 기가 막혔다. "기차 표 사러 조퇴 좀 시켜달라니까 딱 잘라 거절하더니 남들이 다 쉬는데 근무까지 하라고? 나를 괴롭히려

고 태어난 인간 같아"라는 말이 목까지 치밀었다. 명절만 되면 겪는 이런 치사하고 유치한 갈등의 반복이 너무나 싫었다.

상사의 무리한 요구까지도 이성적으로 대응할 줄 알아야 스트레스를 줄이고 유쾌한 사람이 될 수 있다. 아부하고 비위 맞추는 것과는 다르다. 대응 화법을 바꾸면 스트레스 받지 않고 고약한 상사를 매혹할 수 있는 것이다. 상사가 평소 인색한 사람이라면 "부장이 인색한데 어떻게 말하지?"라는 부정적인 생각을 지운 다음에 말해야 말투가 불손해지지 않는다. 사적인 부탁을 하려면 그런 생각을 지우고 마음을 평정시킨 후 말해야 받아들여질 가능성이 높아진다. 커피 두 잔을 뽑아 가서 미소로 분위기부터 바꾸면 더욱 좋다.

마음을 정리하고 공손하게 부탁하는 것과 속마음이 불편한 채 입으로만 공손히 부탁하는 것은 대화의 차원이 다르다. 자신은 느끼지 못하지만 미움, 불신의 속마음은 표정이나 몸짓을 통해 저절로 누설된다. 전문적인 사기꾼이 아닌 바에야 인간은 마음속에 숨긴 부정적 감정을 어떤 방법으로든지 표출하게 되어 있다. 마치 음식을 먹고 나면 배설을 해야 살 수 있는 것처럼 안 좋은 감정도 밖으로 몰아내야 몸과 마음이 정상적으로 가동되기 때문이다. B씨의 '부장이 인색해서 내 부탁을 들어줄는지 몰라'라는 의심은 부장이 충분히 눈치챌 만큼 말투나 표정 등을 통해 표현되었을 것이다. 그

것을 눈치채고도 사적인 부탁을 들어줄 사람은 드물다.

대화 내용으로 보아 부장도 마음으로는 B씨에게 조퇴를 허락하지 않은 것이 마음에 걸린 모양이다. 언제 고향 가는 표 샀느냐고 괜히 물어본 게 아니리라. 어쩌면 B씨가 그 질문에 자기도 모르게 안 좋은 표정으로 대답해서 더 크게 찍혔을 수도 있다. 인색한 상사의 속마음이 보통 사람보다 더 여린 경우도 많다. 사람은 속마음이 너무 여리면 생존 본능에 의해 보호막을 치게 되는데, 일부러 심통을 부려 위장하는 것도 보호막의 일종이다. 그러나 약한 내면을 부드러운 말로 조금만 다독이면 무장이 해제돼 본래대로 돌아간다. 이성적으로 말해도 쉽게 받아들이며 매혹당한다.

항공사에 다니는 승무원 Y씨는 둘째 아기를 출산한 뒤 항공 승무원Flight attendant에서 지상 근무로 근무 형태를 변경했다. 예전과는 업무 성격이 완전히 달라 일 처리가 서툴렀다. 담당 부장은 지상 근무 경력이 1년이 넘은 S씨와 자주 비교했다. S씨는 Y씨의 입사 1년 후배이긴 하나 지상 근무 경력이 더 길었다. Y씨는 부장의 편애에 은근히 약이 올라 회사를 그만둘 생각까지 들었다. 낙관적인 그녀였지만 스트레스가 심해 피부 트러블도 생겼다.

Y씨는 냉정히 상황을 분석해 보았다. 부장의 입장을 객관적으로 들여다보았다. 자기가 부장이어도 업무 처리에 능숙한 후배에게 마음이 더 갈 것 같았다. 작전을 바꾸었다. 부장이 S씨를 칭찬하기

전에 자기가 먼저 후배를 공개적으로 더 많이 칭찬했다. "S씨는 역시 일을 딱 부러지게 잘해. 부장님도 그렇게 생각하시지요? 저도 얼른 S씨에게 일하는 방법을 배워서 부장님 걱정 덜어 드려야겠어요"라고 말하곤 했다. 후배 S씨는 선배의 공개 칭찬에 민망해져서 "선배님, 왜 그러세요? 제가 뭘 잘한다고" 하며 손사래를 쳤다. 부장 역시 "Y씨야 지금까지 안 하던 업무를 맡으니 당연히 서툴겠지, 뭐. Y씨 이전 부서에서 일 잘했다고 소문이 자자하던걸. 나도 은근히 기대하고 있어"라고 다소 유연한 태도로 말하기 시작했다.

부장과의 소통이 재개되자 직장 생활이 편해졌다. 그때의 경험으로 Y씨는 업무가 바뀌어 적응에 힘들어하는 직장 동료나 후배를 만나면 적극적인 위로를 해줄 수 있었다. 또한 이 일을 계기로 직장 동료들 사이에 귀감이 되는, 돋보이는 존재로 부각했다. 자기의 상황을 역전시킨 것이다.

무리한 요구로 스트레스 받는 사람은 당신뿐만이 아니다. 다양한 사람들이 모인 직장에서는 누구에게나 무리한 요구가 파도처럼 밀려온다. 그렇다고 해서 매번 흥분하면 일상적인 파도에도 당신의 인생이 뿌리가 뽑힌 해초처럼 휩쓸려 버리기 쉽다.

무리한 요구에 이성적 해결책을 내놓으려면 무리한 요구를 단지 액면으로만 받아들여서는 안 된다. 심리적 맥락에서 받아들여야 한다. 상대가 개인적인 일을 나에게 화풀이하는 것인지, 나를 좋아해서 관심을 달라고 괜한 투정을 부리는 것인지, 나보다 일을 못하니 자존심 때문에 심통을 부리는 것인지 등 심리를 읽으면 저마다 해석이 달라진다. 심리적 맥락에서 무리한 요구의 언어를 읽어내면 이성적 해결책을 쉽게 찾을 수 있다.

또 한 가지, 무리한 요구에는 즉각적 거부 반응을 하지 않는 것도 상대의 마음을 얻는 방법이다. "상황을 보겠습니다" 등 확답은 아니지만 거절도 아닌 말로 해결책을 찾을 시간을 벌면 된다. 그 시간 동안 상대가 나에게 자신의 처지와 고통을 알아달라고 투정을 부리는 것인지, 나를 친밀하게 생각해 자신이 가진 불만을 털어놓는 것인지, 타고난 성격이 고약해서 타인의 고통을 즐기려고 나에게 무리한 요구를 하는 것인지를 파악해서 그에 걸맞은 답변을 찾아내면 그의 속마음을 알아주는 매력적인 사람이 될 수 있다.

진정성 있게
말하라

|

토크쇼를 보면 성의 없이 대답하는 사람에게 "영혼 없는 대답이네요"라고 핀잔주는 장면이 많다. 영혼이 실리지 않은 말은 대화로서 가치를 인정하지 않는다는 것을 보여주는 단면이다. 매혹적인 대화를 하려면 타인의 영혼을 움직여야 한다. 내 영혼이 실리지 않은 말은 절대로 타인의 마음을 움직일 수 없다.

진정성 있게 말하라는 것은 말에 영혼을 실으라는 것이다. 말에 진심이 담기면 말이 통하지 않는 외국인 혹은 개나 고양이 같은 애완동물에게도 메시지가 전달될 수 있다. 진정성이 언어가 잘 통하지 않는 사람의 마음까지도 움직일 수 있다는 것이다.

상처 받은 이의 마음을 뭉클하게 하는 것은 상처를 공감하는 느낌이나 몸짓이다. 예컨대 가족을 잃었거나 이별을 했거나 직장에서 좋지 않은 일을 겪어 슬퍼하는 이의 손을 말없이 꼭 잡아주거나 마음을 다해 안아주면 큰 위로가 된다.

말에 영혼 담기가 중요하다는 사회적 커뮤니케이션의 성숙이 돋보이면서, 대중을 상대로 하는 TV 프로그램 출연자들도 이제는 진정성을 보여줘야 스타로 발돋움할 수 있다. 전 국민 공개 오디션 프로그램인 〈슈퍼스타K 5〉에서 '볼트공'이라는 별명으로 등장한

진정성 있는 말은 포장하지 않은 정직한 말이다.

박시환은 매회마다 심사위원들에게 기본기가 모자라다는 평가를 받고도 시청자 문자 투표로 아슬아슬하게 결승까지 올랐다. 그의 목소리에 이것 아니면 안 된다는 절박함이 있었고, 그 진정성 있는 모습에 시청자들이 매혹되어 많은 응원을 보낸 덕분이다.

인류는 대량 생산과 소비 시대를 맞으면서 치열한 판매 경쟁을 해야 했다. 경쟁에서 이기려고 다투다 보니 광고의 비중이 특히 높아졌다. 광고는 아름답게 포장되고 적절하게 편집된 인공적인 것들로 사람들을 끝없이 유혹했다. 그러나 시간이 지나면서 소비자들에게 포장에 비해 알맹이가 빈약하다는 깨달음이 생겼고, 실망이 누적되었다. 그러면서 홍보 효과도 크게 약해졌다.

그런데도 일부 기업들은 소비자의 심리적 변화를 읽지 못하고 계속해서 대중매체를 통한 일방적 대화, 더 화려한 포장으로 소비자들을 유혹하고 있다. 이제 소비자는 과대 포장에 더 이상 속지 않는다. 투자에 비해 낮은 광고 효과를 보이고 있는 것이다.

약 110년 전에 창간된 《레드 가이드Red Guides》는 전 세계의 요식업소를 소개하고 등급을 매기는 식당 및 여행 정보 안내서다. 전 세계 호텔 조리사들과 레스토랑은 이 책에서 등급을 한 단계 높게 받으려고 거의 목숨을 건다. 《레드 가이드》는 1900년에 프랑스의 미슐랭이라는 자동차 타이어 회사에서 창간했다. 이 회사 창업자 중 한 사람인 앙드레 미슐랭의 아이디어였다. 처음에 이 잡지는 자동차 타이어 구매자들에 대한 서비스 차원으로 창간되었다. 이때는 프랑스 국내 여행을 돕는 포켓북 형태였다.

이 책은 프랑스의 여러 마을을 알파벳순으로 안내하며 자동차 운전 여행자를 위해 마을 안 호텔과 주유소 등을 자세히 소개하면서 운전자를 위한 식당에 나름대로 표준화된 별표로 등급을 매겼다. 별 3개는 '특별히 맛볼 만한 요리'를 하는 특급 식당이었다. 그러면서도 값싸고 우수한 식사를 제공하는 작은 식당들도 소개했다. 그 인기는 폭발적이었다. 점차 그들이 매기는 별표가 공인된 등급으로 인식되었다.

미슐랭사는 《레드 가이드》의 인기가 높아지자 부록으로 《그린 가이드Green Guides》도 발간했다. 《그린 가이드》는 박물관, 자연경관, 한 지역 내에서 서로 다른 흥미를 끄는 장소들을 소개하는 여행 정보가 담긴 책이다.

미슐랭사가 자사 생산품인 자동차 타이어를 광고하는 대신 자동차 여행자들의 편의를 위해 만들었다는 진정성이 담겨 있었기 때문에 《레드 가이드》의 명성은 100년이 넘도록 꾸준히 유지되었다. 그와 더불어서 미슐랭사도 많은 신뢰를 얻으며 잘나가는 다국적 기업으로 성장하기에 이르렀다.

개인끼리의 대화는 물론 기업 대 소비자처럼 단체로 하는 대화 역시 매혹적인 대화가 되려면 그 바탕에는 반드시 진정성이 깔려 있어야 한다. 진정성 있는 말은 포장하지 않은 정직한 말이다. 마음과 영혼이 실린 성의 있는 말이다. 자신의 실제 가치, 자신이 취급하는 제품, 서비스 등을 과장하는 순간 진정성은 곧바로 의심받는다. 부풀리거나 과대 포장하지 않고 사실대로 마음을 실어서 말해야 타인의 마음속 깊이 들어갈 수 있다. 가식적인 말을 해 순간적으로 상대를 현혹할 수는 있다. 하지만 한번 실망하면 대화가 끊기고 마음이 단절된다. 일상적인 대화 역시 허풍을 떨거나 과장된 말을 하기보다는 진솔한 말로 대화를 해야 상대의 마음속에 남게 되고 결국 그 말이 상대를 움직이게 할 것이다.

매혹적인 VS 전혀 매혹적이지 않은

'진정성'이라는 말이 구태의연한가? 그러나 예부터 지금에 이르기까지 타인의 마음을 움직이는 가장 큰 힘이 바로 '진정성'이다. 비즈니스적인 과대 포장 또는 영혼 없는 대답 등으로는 상대를 매혹할 수 없다.

매혹적인	전혀 매혹적이지 않은
• 우리 아들 밥상이라고 생각하며 정성 들여 차렸습니다. • 여러분의 마음을 움직일 수 있는 건 내가 아니라 바로 여러분 자신입니다. • 네 얘기를 들으니 갑자기 나도 눈물이 나. 왜 이런가 모르겠네.	• 저희 식당은 최고급 재료만 사용합니다. 맛과 건강을 보장합니다. • 여러분, 제 말을 믿고 실천해 보십시오. 큰 변화가 일어날 것입니다. • 참 슬프겠구나. 안됐다.
• 가식이 아닌 진심을 전하기 위해 최선을 다한다. • 말에 과장된 포장을 하지 않는다. • 진정성 있는 말로 상대에게 비전이나 위로를 전한다.	• 눈앞에 닥친 문제를 해결하거나 위기를 벗어나는 데에만 급급하다. • 과장된 말로 상대를 현혹하려고 한다. • 입버릇처럼 허풍을 떨거나 가식적인 말을 늘어놓는다.

꼭 기억하라,
경청이 최고의 매혹임을

경청은 듣는 것 이상의 의미를 갖는다. "그를 존중한다", "그의 의견을 소중히 여긴다", "그에게서 배우고 싶다" 등의 주변적 의미가 부가되어 있다.

듣는 것만 중요한 것은 아니다. 정성껏 귀 기울여 듣는다고 믿게 만드는 태도도 중요하다. 성의 없이 건성으로 듣는 모습은 "내 말을 듣기 싫어한다", "내 말이 가치 없다고 생각한다", "나를 우습게 여긴다" 등의 주변적 의미가 더해져 불신을 형성한다.

대화가 어려운 이유는 주변적 의미가 부가되기 때문이다. 말하는 사람의 의도는 그렇지 않은데 해석함에 있어서 감정이 보태지면 엉뚱한 오해가 생길 수 있다. 사람은 누구나 자신의 상상을 보태 해석한다. 경청하는 태도 하나로도 긍정과 부정의 수많은 상상이 더해진다. 이는 소통을 원활하게 하거나 가로막는 원인이 된다.

세계적 대화의 달인 오프라 윈프리는 달변가라기보다 경청의 귀재다. 그녀의 게스트 중에는 세계적인 유명 인사는 물론, 사형 집행을 앞둔 죄수도 있고, 세상의 금기를 무너뜨린 별종도 있다. 각계각층의 사람들이지만 그들이 출연한 쇼는 매번 성공한다. 바로 오프라의 경청하는 태도 덕분이다. 게스트들은 오프라의 경청하는 태도에 어디에서도 말하지 못한 비밀들을 술술 털어놓는다. 그리고 어김없이 "당신만큼 내 이야기를 진지하게 들어주는 사람은 없었다"는 마지막 코멘트를 남긴다. 이와 마찬가지로 일상생활의 대화에서도 경청은 신뢰의 바탕을 이룬다.

사람은 누구나 자신의 말을 잘 들어주는 사람에게는 무슨 비밀이든 털어놓기 쉽다. 비밀 공유와 친밀감은 비례한다. 경청은 문제의 핵심을 정확히 포착해서 원인부터 완전히 제거할 수 있게 해준다. 트위터 등 SNS에서 자사 제품의 문제점을 말하는 소비자의 글을 눈여겨본 기업들은 문제가 커지기 전에 이를 재빨리 해결하기도 한다. 그리고 이를 고객과 더 가까워지는 계기로 만든다. 반대로 소비자 의견을 귓등으로 듣고 문제점을 은폐하기에 급급한 기업은 작은 문제를 키워 치명적인 타격을 입기도 한다.

기업이 소비자의 이야기를 겸허하게 들으면 고객들이 스스로 마케팅 방법을 찾아주기도 한다. 반대로 기업이 소비자 의견을 경청하지 않으면 엉뚱한 데 마케팅 비용을 날리는 일도 생긴다.

정부가 국민의 이야기를 경청하면 국민이 정책의 올바른 방향을 찾아준다. 정부가 그것을 무시하면 튀니지에서부터 리비아까지 일어났던 재스민 혁명과 같은 일이 되풀이될 수 있다. 소셜 미디어에서 타인의 말을 잘 경청하면 익명의 사람들이 제공하는 자기 관심 분야의 가치 있는 정보들을 손쉽게 얻을 수 있다. 인생의 새 길을 열 수도 있다.

이렇게 대화법에서 경청을 강조하는 이유는 사람들이 원래부터 듣기보다 말하기를 좋아해서다. 어눌한 사람도 남의 말 듣기보다 자기가 말하는 것을 더 좋아한다. "내 인생을 소설로 쓰면 몇 권이 될지 몰라"하며 이야기를 꺼내는 사람도 많다. 다른 사람들에게 이야기보따리 풀 자리를 깔아주며 들을 준비를 하면 그 사람은 당신에게 금세 매혹될 것이다.

하지만 그냥 열심히 듣기만 하는 경청은 큰 의미가 없다. 매혹적인 대화를 원한다면 바르게 질문할 줄도 알아야 한다. 말하는 사람의 의도를 파악하고 나서 상대의 말이 본궤도에서 벗어나지 않도록, 또는 내가 함께 나누고 싶은 주제에 대해 말하도록 간략한 질문으로 방향 설정을 해가며 들어야 진정으로 마음이 오가면서 매혹적인 시간이 성립된다.

예를 들어 성공에 관한 이야기를 나누고 싶으면 '성공은 ○○이다', '오늘은 ○○이 성공적이었다' 등의 통제형 주제를 던져 방향 설정을 하고 경청을 하는 것이 좋다. 조금 범위를 넓혀 사회 현상에 대한 의견을 구해도 된다. 예를 들어 당신이 경영 컨설턴트라면 "걸그룹 ○○의 해체를 어떻게 생각하세요?"라고 물어 한류와 걸그룹의 운영과 그로 인해 파생되는 경제적 변화 등을 말하도록 유도하는 식이다. 그들의 말을 경청한 후 당신의 경영 관련 아이디어를 축약해서 답변에 사용하면 경영에 관한 당신의 해박한 지식을 크게 어필할 수 있다.

마지막으로, 경청을 잘 하려면 비판을 받아들일 줄 알아야 한다. 주변에 냉정하게 비판해 줄 사람이 없으면 발전이 어렵다. 비판은 관심의 표현이다. 늘 좋은 말만 하는 것은 오히려 무관심의 의례적인 표현일 가능성이 높다. 반대 의견을 말하거나 비판해 주는 사람이 보여주는 관심을 호의로 받아들이면 상대도 당신을 쉽게 보지 않는다. 하지만 반대 의견을 건성으로 듣거나 감정적으로 대처하면 괜한 말꼬리 잡기로 흘러 대화의 단절을 가져올 뿐이다.

일상생활에서도 질문을 던지고 원하는 답변을 끌어내는 말하기, 목적을 드러내지 않고 도움을 주어 상대방이 자발적으로 자신의 목적을 드러내게 하는 말하기로 상대방을 행동하게 할 수 있다.

신뢰가 말의
무게를 결정한다

|

아버지가 본인은 쉬는 날마다 소파에서 뒹굴거나 텔레비전을 보면서 아이에게는 공부하라고 다그친다고 할 때, 아이는 부모의 말에 절대로 따르지 않을 것이다. 사무실에서 틈만 나면 인터넷 서핑을 하는 상사가 잠시 쉬는 시간에 직원이 잡담하는데 "일은 하지 않고 왜 잡담이나 하느냐?"고 말하면 반감과 비난만 살 것이다.

신뢰는 말의 무게를 결정한다. 신뢰를 얻지 못한 사람의 말은 너무나 가벼워서 어떤 화려한 수사를 덧붙여도 타인을 매혹시킬 수 없다. 영국 문호 셰익스피어는 16세기에 이미 "정직한 것만큼 풍부한 유산은 없다"는 말을 남겼다.

기원전 4세기의 중국 철학자 공자는 《논어》에 "인간의 천성은 원래 정직한 것이다. 정직하지 않고도 생존한 이는 요행히 형벌을 면한 것뿐이다"라고 말했다. 정직하지 못한 것은 천성을 거스른 것이니 형벌을 받아 마땅하다고 천명한 것이다.

그런 공자의 제자 가운데 증자가 말의 신뢰를 얻기 위해 행한 노력이 돋보인다. 증자는 공자가 나이 든 뒤에 제자로 삼은 사람으로, 공자보다 마흔여섯 살이나 어렸다. 그러나 그는 공자가 죽은 뒤 공자의 사상을 정리해 유교로 우뚝 서게 만든 유가의 대들보라

할 수 있는 인물이다. 말의 신뢰를 지키는 증자의 행동을 단적으로 보여주는 일화가《한비자韓非子》에 나온다.

어느 날 증자의 부인이 장을 보려고 집을 나서자 어린 아들이 따라가겠다고 보챘다. 증자의 아내는 아이를 떼어놓으려고 별생각 없이 "시장에 다녀온 뒤 돼지를 잡아 맛있는 반찬을 해줄 테니 집에 있어라" 하며 달랬다. 아들은 돼지고기 반찬을 기대하며 울음을 뚝 그쳤다. 증자는 아내가 장을 보고 집으로 돌아올 때쯤 마당에서 돼지 잡을 채비를 하고 있었다. 깜짝 놀란 아내가 "왜 돼지를 잡느냐?"며 화를 내자 증자는 "당신이 아이에게 돼지를 잡아 반찬을 만들어주기로 약속했으니 잡을 수밖에 없다"라고 대답했다. 아내는 아이를 달래려고 그냥 해본 소리라며 남편을 말렸다. 그러나 증자는 준엄한 목소리로 "아이에게 거짓말을 해서는 안 되오. 아이는 부모가 하는 대로 따라 배우는 법인데, 부모가 약속을 지키지 않으면 아이가 뭘 배우겠소?"라고 말하고 기어이 돼지를 잡았다.

그날 밤이었다. 잠자리에 들었던 아들이 갑자기 부스스 일어나더니 밖으로 나갈 채비를 했다. 증자가 놀라서 어디 가느냐고 물었더니, 아들이 "친구에게 책을 빌렸는데 오늘까지 돌려주기로 약속했습니다. 그런데 지금까지 약속을 깜빡 잊고 있었습니다. 아버지께서 약속을 지키기 위해 돼지를 잡는 것을 보고 저도 깨달은 바가 있어 친구와의 약속을 지키려고 합니다" 하고 대답했다.

증자는 철저하게 약속을 지킴으로써 신뢰를 깨뜨리지 않았다. 그 철저함이 있었기에 스승인 공자가 죽은 뒤에도 유가를 지킬 수 있었다. 대개 큰 스승이 돌아가시면 제자들이 뿔뿔이 흩어지는 게 일반적이나 증자는 신뢰를 바탕으로 공자의 다른 제자들을 결집시켜 유학이 약 3,000년이 지난 지금까지 면면히 이어질 수 있는 주춧돌을 놓을 수 있었다.

신뢰로 말의 무게를 만들어야 한다는 것은 동양 사람만의 생각이 아니었다. 《돈키호테》의 작가 세르반테스 역시 "정직함은 가장 좋은 정책이다Honest is the best policy"라고 말했다.

미국의 초대 대통령인 조지 워싱턴의 정직성에 대한 일화는 미국인들이 정직함을 얼마나 큰 가치로 여기는지를 보여준 대표적인 사례다. 조지 워싱턴은 어릴 적에 아버지에게 도끼 한 자루를 선물로 받았다. 어린 조지는 도끼로 이것저것 찍는 것에 재미를 붙여서 정원에 늠름하게 서 있는 나무 한 그루를 보란 듯이 도끼로 찍어 넘어뜨렸다. 직장에서 돌아온 그의 아버지가 쓰러진 나무를 보며 노발대발했다. 그 나무는 미국에 한 그루밖에 없는 귀한 나무로, 큰돈을 들여 산 것이기 때문이었다.

나무를 자른 범인이 밝혀지면 어떤 불호령이 떨어질지 짐작할 수 있었다. 그러나 조지 워싱턴은 아버지에게 혼날 각오로 정직하게 자기 잘못을 밝혔다. 예상과 달리 그의 아버지는 "네가 정직하게 말해주니 기쁘다. 네가 거짓말을 하게 두는 것보다 벚나무 열두 그루를 잃는 편이 낫단다"라며 용서해 주었다고 한다. 서양인들도 신뢰가 인간관계를 지탱하는 중추임을 그만큼 믿는 것이다. 말을 잘하고 못하고 혹은 전략이 있고 없고를 거론하기 전에 신뢰를 굳건히 구축해야만 매혹적인 대화의 기반이 마련된다.

매혹적인 VS 전혀 매혹적이지 않은

상대에게 신뢰를 줄 수 있는 방법은 여러 가지다. 성실함, 정직함, 진실함, 책임감 등등. 나는 어떠한 면에서 다른 사람의 신뢰를 얻고 있는지 한번 돌아보자. 신뢰 얻기는 장기전이다. 오랜 시간 일관성 있게 상대의 마음을 두드려야 얻을 수 있는 것이다.

매혹적인	전혀 매혹적이지 않은
• 내 건강을 위해서라도 담배를 끊도록 노력해 볼게. • 사업을 하면서 이윤을 남기지 않고 일을 한다면 제가 그만큼 무능하다는 뜻이겠지요. 이 일에 있어서만큼은 자부심이 있습니다. 단가를 깎지 말고 저희가 일을 얼마나 잘해낼 수 있는지를 먼저 판단해 주십시오.	• 내 말 믿지? 나는 한번 말하면 목에 칼이 들어와도 지키는 사람이야. 이번 달부터 담배 꼭 끊을 테니까 두고 봐. • 돈이 중요한가요? 저는 돈보다는 사람이 중요합니다. 이번 거래에서 저희가 조금 손해를 보더라도, 사람을 얻는다면 그걸로 만족합니다.
• 입 밖으로 내뱉는 말에는 책임을 다해야 한다. • 말과 행동이 일치가 되도록 노력한다.	• 자신이 한 말을 자꾸 번복하여 상대를 혼란스럽게 한다. • 말과 행동이 일치하지 않아 상대에게 실망감을 준다.

매혹적인 대화법으로 전화위복의 기회를 얻을 수 있다.

상황을 반전시키는 매혹적인 대화법

—

어떤 대화의 달인이라도 실언을 할 수 있다. 말하는 사람은 전혀 나쁜 의도가 없이 한 말도 듣는 사람의 해석이나 주변적 의미에 따라서는 상처를 주거나 불쾌한 감정을 느끼게 하거나 자리를 불편하게 만들 수도 있다.

그러나 매혹적인 대화의 원칙을 알고 능숙하게 활용한다면 실언으로 곤란해진 상황도 전화위복의 기회로 만들 수 있다. 말 한마디로 천 냥 빚을 갚을 수도 있고, 도리어 사람도 잃고 신용도 잃을 수 있다는 말이다.

그렇다면 상황을 반전시키는 전화위복 대화법의 비결은 무엇이며, 어떻게 말하는 것일까? 이 장에서는 아무리 큰 실수, 아무리 곤란한 상황이라도 전화위복의 기회로 만드는 매혹적인 대화법을 소개하고자 한다. 실언을 이슈로, 위기를 발전의 기회로, 경쟁자를 나의 옹호자로, 거절을 관계 강화로 반전시키는 기분 좋은 대화법을 살펴보자.

|

평생 단 한 번도 실언하지 않고 사는 사람은 없을 것이다. 누구나 위기를 겪는다. 당황하면 실언을 할 수도 있다. 주변 사정을 고려하지 않고 툭 내뱉은 말이 해석의 차이로 실언으로 취급당할 수도 있다. 특히 능숙하지 않은 반어법 구사는 뜻하지 않은 실언이 될 수 있다.

말에 대한 해석은 스펙트럼이 대단히 넓다. 말하는 사람의 본래 의도와 듣는 사람의 해석에는 늘 차이가 생기게 마련이다. 그 차이로 인해 정직하게 말한 것이 실언으로 간주될 수도 있다.

타인과의 대화가 늘 어려운 이유는 말투, 전달하는 태도, 용어 선택에 따라 "말하는 태도가 건방지다", "나를 무시하니까 저런 투로 말하는 것이다"와 같은 주변적 의미가 첨가되면서 본래의 의미가 왜곡되는 경우가 많기 때문이다. 똑같은 말도 개인의 취향에 따라 긍정적으로 해석되어 환호를 받기도 하고 반대 의미로 해석되어 어리석은 말로 취급될 수도 있는 것이다. 실언에는 정말로 여러 가지 변수가 적용된다. 해석의 차이로 인한 실언 판정이 억울할 수도 있지만 여기서 중요한 점은 실언으로 판정이 나면 곧바로 사과를 하며 국면을 전환해야 한다는 것이다. 실언을 극복하는 매혹적인 말 한마디가 오히려 전화위복이 될 수 있다.

　세계 정상급 패션 디자이너 존 갈리아노John Galliano에게 일어난 일을 보자. 2011년 2월 말, 존 갈리아노는 크리스찬 디올의 파리 패션 위크를 준비하다가 잠시 쉬기 위해 술집에 들렀고, 술이 거나하게 취했다. 급기야 인사불성이 된 그는 옆자리에 앉은 유대인들을 모욕하고 히틀러를 찬양했다. 술이 깨자 처음에 존 갈리아노는 그런 말을 한 적이 없다고 발뺌했다. 그러자 그를 고발한 유대인 남녀가 거짓말이라며 꼼짝 못할 증거를 디밀었다. 존 갈리아노가 자신들에게 "더럽다. 너 같은 사람들과 네 조상들은 가스실에서 다 죽었어야 한다. 나는 히틀러를 사랑한다"라며 폭언하는 장면을 휴대전화 카메라로 촬영해 뒀다가 증거로 제출한 것이다. 그런데도 존 갈리아노는 "그건 악의를 가지고 의도적으로 한 말이 아니다"라고 발뺌했다. 그해의 아카데미와 골든글로브 여우주연상을 받은 유대인 여배우 나탈리 포트만이 노골적인 불쾌감을 표시하는 등 여론이 계속 악화되었다.

　크리스찬 디올에는 전 패션하우스를 통틀어 가장 다양한 인종들이 근무하고 있었다. 수석 디자이너인 존 갈리아노는 몇십 년 동안 탁월한 미학적 감각으로 '신이 내린 디자이너'로 불리며 전 세계 언론과 패션계의 사랑을 받아왔다. 그런데 만취해 실언을 했을 뿐 아니라 그 뒤로 제대로 대응하지도 못해 평생 쌓은 명성을 하

매혹적인 말 한마디가 오히려 전화위복이 될 수 있다.

루아침에 갈아엎는 결과를 얻었다. 그는 이 일로 15년간 몸담아온 크리스찬 디올에서 전격 해고당했다.

이처럼 실언은 평생의 명성을 하루아침에 추락시킬 만큼 무서운 결과로 이어지기 쉽다. 그러나 항상 반전의 기회는 있다. 실제로 실언을 이슈로 바꾸어 오히려 명성을 얻은 경우도 있다. 방송인 김구라 씨는 무명 시절 인터넷 방송에서 했던 위안부 폄훼 발언이 불거져 여론의 지탄을 받자 즉각 모든 방송에서 스스로 하차하며 반성하는 자세를 보였다. 그의 실언은 이슈가 되어 많은 주목을 받았지만 그는 진정성 있는 자숙의 시간을 보낸 다음 방송에 복귀해서 이전보다 더 많은 프로그램을 진행하며 승승장구하고 있다. 실언을 꼭 부정적으로만 볼 일은 아니다. 어떻게 상황을 전환하느냐에 따라 인지도를 올리는 긍정적 효과로 작용할 수도 있다.

실언을 국면을 전환시키는 이슈로 바꾸려면 변명이나 시간 끌기는 절대 금물이다. 자신의 말이 더 이상 부정적인 방향으로 확대 해석되지 않도록 자성의 자세를 보이는 것이 중요하다. 대중은 그의 태도에서 일단 분노를 멈추게 된다. 그리고 시간이 흘러 대중이 사람이므로 누구나 실수할 수 있다는 생각을 할 때까지 기다렸다가 다시 새로운 기회를 만들면 된다. 잘못을 스스로 깨끗이 인정하는 매너 역시 매혹적인 모습이다.

위기를
기회로

|

캐나다의 여류 작가 루시 모드 몽고메리Lucy Maud Montgomery는
1874년부터 1942년까지 살았다. 그녀의 걸작《빨간 머리 앤》은
작가가 죽고 난 다음에 캐나다에서 텔레비전 시리즈로 제작되어
이후 전 세계에 수출되었다. 이 소설에서 주인공 앤 셜리가 자신에
게 닥친 위기를 어떻게 반전시키는가를 잘 살펴볼 필요가 있다.

어린 나이에 고아가 된 앤 셜리는 우여곡절 끝에 한 시골 마을
의 평범한 초록 지붕 집에 입양된다. 그러나 이 작은 동네에서 고
아 출신의 그녀를 너그럽게 봐주는 이는 그리 많지 않았다. 실수가
잦을 나이지만 작은 실수도 용서받지 못해 자주 위기에 처한다. 다
행히 앤 셜리는 말을 잘했고, 대부분의 위기를 그녀 특유의 어법으
로 전화위복함으로써 주변인들을 감동시키고 멋진 아가씨로 성장
하기에 이른다.

이런 에피소드가 있다. 마을 어른들이 모두 국가 행사에 초대된
날이었다. 어른들이 집을 비운 사이, 앤 셜리의 단짝인 다이애나의
동생이 급성 후두염에 걸린다. 다이애나가 앤에게 도움을 청하자,
앤은 밤새 다이애나의 동생을 보살폈고, 그녀 덕분에 다이애나의
동생은 목숨을 건졌다.

다음 날 집에 돌아온 다이애나의 어머니는 밤새 있었던 일을 전해 들고 앤에게 고마움을 전했다. 그리고 앤에 대해 그간 가졌던 편견과 오해를 풀고 감사의 의미로 앤을 크리스마스 파티에 초대했다. 다이애나와 함께 가장 좋은 손님방에서 자는 특혜도 주었다. 신이 난 두 소녀는 침대에 빨리 뛰어들기 내기를 하다 그곳에서 자고 있던 다이애나의 고모할머니를 깜짝 놀래키는 큰 실수를 하고 말았다. 고모할머니는 큰 부자였지만 깐깐하기가 이루 말할 수가 없었다. 다이애나의 음악 레슨비를 대주고 있었던 고모할머니는 매우 화를 내며 앞으로는 레슨비를 주지 않겠다고 선언했다.

그 말을 전해 들은 앤은 곧바로 고모할머니를 찾아가 애원했다. "저 때문에 세상에 하나밖에 없는 친구가 음악 레슨을 못 받게 된다면 제가 얼마나 슬프겠어요. 한 번만 입장 바꿔 생각해 봐 주세요" 등의 말로 레슨비 중단 철회를 간청했다. 결국 고모할머니는 앤의 간절한 말에 설득당했고, 감성이 풍부한 앤의 매력에 푹 빠져 뒷날 앤에게 많은 도움을 주게 된다.

여러 사람의 목숨이 걸린 위기를 앞장서서 해결하면 영웅이 되고, 자잘한 위기들을 매번 잘 넘기면 현명한 사람이 된다. 반면에 위기마다 허우적거리다가는 어리석은 사람으로 취급받고 고달픈 인생을 살게 된다.

말이 사람의 운명을 쥐고 흔들 수도 있다. 예를 들어보자. 조금

늦을 것 같아 생전 타지 않던 택시를 타고 출근했다. 그런데 오히려 버스나 지하철을 이용할 때보다 시간이 더 걸려 회사에 크게 지각하고 말았다. 또 그날 하필이면 느지막하게 나오던 사장님까지 일찍 출근해 눈 밖에 날 위기에 처했다. 직장인이라면 누구나 이처럼 등골이 오싹한 경험을 해봤을 것이다.

이때 어떤 사람은 자신이 먼저 실수를 인정하며 "아이쿠, 처음으로 지각했는데 사장님에게 들켰네요. 저는 역시 편법이 통하지 않는 사람인 것 같습니다" 하고 말해 위기를 모면할 뿐만 아니라 은근히 자기 홍보의 기회로 삼는다. 반면 어떤 사람은 입도 떼지 못하고 안절부절못하다가 불성실하고 자기 관리 못하는 사람으로 낙인이 찍힌다. 그는 그 일로 주눅이 들어 점차 자신감도 잃어간다. 자신감 결여는 잦은 실수를 부르고, 더욱 어려운 처지로 그를 내몰 수 있다.

경쟁 프레젠테이션 현장에서 참석자들에게 나누어줄 주요 자료를 빠뜨리고 온 기막힌 실수를 저질렀다고 하자. 참석자들에게 공개적으로 "자료가 바뀐 것을 이제야 알았지 뭡니까? 너무 잘하려다 보면 꼭 이런 일이 생기네요"라는 말로 분위기를 전환시킬 수 있다. 이런 언어 구사는 참석자들을 단번에 매혹시켜 오히려 더 좋은 평판을 얻을 수도 있다. 그러나 할 말이 없어 허겁지겁 애꿎은 가방만 뒤지며 분위기를 더 썰렁하게 만드는 사람도 있다. 이 경우

상사는 노발대발하고, 프레젠테이션에서도 탈락해 회사 내에서의 입지가 크게 줄 수 있다.

사소한 위기는 제때 대처하지 못하더라도 약간 창피당하는 정도로 끝난다. 그러나 대부분의 위기는 신속하고 정확한 말로 대처하지 못하면 추락의 길로 치닫기 쉽다. 기업은 한순간에 부도가 날 수 있고, 개인은 직장, 가족 또는 평생 모은 돈, 명예 등을 한순간에 잃을 수 있다.

위기가 오면 일단 국면 전환용 대화로 상황을 느슨하게 만들어 대처 방법을 찾을 시간을 벌어야 한다. 그런 다음 신속한 후속 조치를 취해야 한다. 위기 상황의 말 한마디는 개인과 조직의 운명을 쥐고 흔들 만큼 커다란, 신에 버금가는 힘을 갖는다.

싸이 박재상 씨는 성실하게 군복무를 하지 않았다는 사실이 밝혀져 사회적 물의를 빚었다. 그는 바로 사과하고 다시 입대를 했다. 제대한 뒤 싸이는 연예 프로그램에 출연할 때마다 군대 두 번 다녀온 이야기를 재미있는 스토리로 재구성해 들려줬다. 그리하여 입대 전 못지않은 인기를 회복했다. 그리고 유튜브를 통해 〈강남 스타일〉의 뮤직비디오가 전 세계에 급속도로 퍼지면서 일약 세계적인 스타가 되었다. 미국 메이저 방송 인터뷰를 통해 소개된 그의 웃지 못할 군대 스토리는 도리어 대중들을 크게 매혹시켰다. 위기에 대한 신속한 대처와 더불어 진정성 있는 반성의 태도가 그에게 새로운 기회를 제공한 것이다. 이처럼 언제나 위기는 기회로 변할 가능성이 있다. 위기는 기회와 함께 다닌다.

전쟁 중에도 상황을 잘 이용해서 돈을 버는 사람이 반드시 있다. 전염병이 창궐하는 지역에서 버려진 땅에 사업을 일구어 거부가 된 사람도 있다.

말은 생각의 파편들을 용도에 맞게 실로 꿰어 밖으로 꺼낸 결과물이다. 위기를 두려워하면 당황해서 엉뚱한 말로 일을 더 그르치기 쉽다. 임기응변에 강한 사람도 위기를 침착하게 바라보지 못하면 올바른 대응의 말을 할 수 없다.

위기에 무너지지 않으려면 침착한 태도를 유지해야 한다. 언제 다가올지 모르는 위기를 기회로 바꾸려면 언제 어디서나 매혹적으로 말할 수 있도록 훈련해야 한다. 또 위기에 주눅 들지 않고 침착하게 대응하는 배짱을 길러야 한다.

매혹적인 VS 전혀 매혹적이지 않은

위기를 맞을 때마다 당황하고 쩔쩔매지는 않는가. 위기를 반전의 기회로 삼을 묘수를 생각해 내라. 그러나 꼼수는 안 된다. 깊이 성찰하고 한 단계 성장하는 모습을 보여주어라.

매혹적인	전혀 매혹적이지 않은
• 기획서가 미흡해 죄송합니다. 참신한 아이디어가 있으니 하루만 시간을 더 주신다면 완벽한 기획서로 다시 올리겠습니다. • 왜 나는 이렇게 머리가 나쁠까? 잊어버릴까 봐 자기에게 전화해야 한다고 써놓기까지 했는데…….	• 기획서를 매번 퇴짜를 놓으시기에 신경 쓴다고는 했는데……. 죄송합니다. 할 말이 없습니다. • 술 먹다 보면 잊을 수도 있지. 그것도 이해 못 해줘?
• 위기 앞에서 당황하지 않고 침착하게 돌파구를 찾는다. • 눈앞에 떨어진 불에만 집중하지 않고 멀리 내다보는 혜안을 갖도록 노력한다. • 위기 또한 성장과 발전의 한 단계로 보고 긍정적으로 생각한다.	• 위기의 순간에 당황하여 아무 말도 하지 못한다. • 위기 앞에서 자신감을 잃고 주저앉는 편이다. • 위기를 어찌어찌 모면은 하나 반전의 기회로는 삼지 못한다.

누구나 불편한 사람과의 대화는 두렵다. "괜히 말 붙였다가 본전도 못 찾지"하고 기피하는 것이 상책이라는 도망 심리부터 발동한다. 불편한 사람은 나와는 성격이 판이하게 다른 사람, 지나치게 엄격한 사람, 사랑이라는 이름으로 지적을 일삼는 사람, 나와 경쟁관계에 있는 사람 등일 것이다. 그런 사람을 만나면 자기도 모르게 긴장하게 된다. 은근히 대결 구도가 형성되고 자존심을 지키고 싶다. 당연히 멀리하고 싶은 존재다.

그러나 매혹적인 사람은 경쟁 관계에 있는 사람일지라도 내 편으로 삼을 수 있다. 때로는 불편한 경쟁 관계에 놓인 사람이 나에 대해 우호적 입장을 취하고 옹호 발언을 해줄 수도 있다. 그로 인해 서로의 평판이 급상승한다.

최고의 경지에 오른 사람들은 때때로 경쟁자를 옹호자로 만든다. 때로는 경쟁하고 때로는 도우며 동반 성장하는 것이다. 이탈리아 르네상스에 불꽃을 당긴 조각가 브루넬레스키, 도나텔로, 기베르티 세 사람은 재능이 엇비슷했다. 동시대 조각가의 자존심을 건 대결을 피할 수 없었다.

브루넬레스키는 금 세공인으로 젊은 시절부터 가장 먼저 두각을 나타냈다. 그의 최고의 경쟁자는 도나텔로였다. 그러나 두 사람은 함께 로마 여행을 다닐 정도로 친한 친구기도 했다.

마음속으로 은근히 경쟁심을 가지고 있었는지 하루는 브루넬레스키가 도나텔로의 작업장을 방문했다가 산타크로체 성당에 봉헌하기 위해 도나텔로가 조각한 나무 십자가상을 보고 기품이 없다고 평하며, 똑같이 나무 십자가상을 만들어 산타마리아 노벨라 성당에 봉헌했다. 그 십자가상이 오늘날까지도 걸작으로 남아 있다.

경쟁자 도나텔로는 무척 화가 났을 것이다. 그러나 브루넬레스키의 작품이 완성되자 "내가 졌다"고 말하고는 "누구도 이보다 더 아름다운 십자가상을 만들지 못할 것이다"라고 극찬을 하고 다녔다. 이렇듯 두 사람은 경쟁할 때는 치열하게 하고 지면 깨끗이 승복함으로써 경쟁자이자 옹호자로 동반 성장할 수 있었다.

1401년, 피렌체 정부는 두오모 성당의 세례당 대문 교체 작업을 맡을 조각가를 공개적으로 모집했다. 당시 성당 대문에 새겨진 조각은 신의 교지로 여겨져 매우 신성시했고, 세례당 대문에 조각을 할 수 있다는 것은 조각가로서 최고의 영예였다. 이 공모전에서 가장 촉망받던 조각가 브루넬레스키는 새로운 경쟁자 기베르티에게 참패를 당했다. 이때 브루넬레스키는 경쟁자였던 기베르티의 작품을 극찬하고 패배를 솔직하게 인정했다.

그 뒤 그는 도나텔로와 함께 로마로 건너가 고대 판테온의 비밀을 연구했다. 흡족할 만한 연구 결과를 들고 피렌체로 돌아온 브루넬레스키는 이번에는 기베르티를 제치고 피렌체 성당의 돔을 완공해 후세에 길이 이름을 남겼다. 이때 도나텔로는 다비드 상으로 최고의 조각가임을 입증했다.

세 사람은 서로 치열한 경쟁자였지만 경쟁에서 지면 곧바로 패배를 순순히 인정했고, 상대가 어려움에 처하면 곧바로 옹호했다. 세 사람의 아름다운 경쟁은 후대로도 계속 이어졌다.

후대 미술가 미켈란젤로와 레오나르도 다빈치, 고전주의 음악의 대표적 작곡가인 하이든과 모차르트도 경쟁자이며 옹호자인 관계로, 서로를 존중하며 동반 성장했다.

스티브 잡스와 빌 게이츠도 금세기 최고의 경쟁자였다. 두 사람은 철저한 경쟁자로, 서로의 옹호자는 아니었다. 그러나 이들도 거물이 되기 전까지는 각각 경쟁자를 옹호자로 만들어 거물 대열로 부상했다. 이와 관련한 스티브 잡스의 일화가 있다. 스티브 잡스는 애플사의 창업자였지만 사업적 견해가 달라 동료들에게 쫓겨난 적이 있었다. 애플에서 쫓겨난 그는 넥스트라는 새 회사를 세웠다.

애플이 마이크로소프트사에 깨진 것만큼 넥스트는 한때 선마이크로시스템스에 깨지고 있었다. 넥스트가 곤경에 처하자 직원 중한 사람이 스티브 잡스를 회사에서 몰아낼 계획을 세웠다. 그는 경쟁사인 선마이크로시스템스의 CEO인 스콧 맥닐리에게 도움을 청했다.

　스콧 맥닐리는 스티브 잡스와 경쟁자였지만 스파이를 자처한 넥스트 직원의 손을 잡지 않고 스티브 잡스에게 그 사실을 알렸다. 스콧 맥닐리의 제보로 그 계획은 조기 진압되었고, 스티브 잡스는 끝까지 남아 경영 위기에 처한 회사를 구할 수 있었다.

　그 일로 스티브 잡스와 스콧 맥닐리는 경쟁자에서 서로의 옹호자로 바뀌었고, 서로의 진심을 털어놓는 각별한 친구가 되었다. 이후 스티브 잡스는 다시 애플로 복귀해 아이폰과 아이패드로 세상을 바꾼 세기의 인물로 부상했다.

　현 미국 대통령인 오바마도 경쟁자를 옹호자로 바꾼 인물이다. 그의 대통령 취임 후 미국의 경제 상황은 쉽게 풀리지 않았고, 오바마의 인기는 급락했다. 보수 세력 야당인 공화당은 공격의 고삐를 놓지 않았다. 공화당의 열혈 지지자들이 서슴없이 오바마의 주요 정책들을 공격하며 오바마의 인기 하락을 견인했다. 그에 따라 오바마의 지지율은 연일 하락했다. 중간 선거에서는 국회 의석 다수가 공화당으로 넘어갔다.

　2011년 1월 8일, 미국 남부 애리조나 주의 한 식료품 가게 앞에서 총기 사건이 발생했다. 상점 앞에서 지역 주민들과 토론을 벌이던 민주당의 가브리엘 기퍼즈 연방 하원의원이 괴한의 총격으로 중태에 빠졌다. 이 총격으로 애리조나 주 연방 판사와 아홉 살 된

어린이 등 여섯 명이 숨졌고, 주민 열세 명이 부상당했다. 범인은 스물두 살의 제러드 러프너라는 청년이었다.

미국 애리조나 주는 멕시코와 국경이 맞닿아 있는 곳이다. 미국에서 반이민 정서가 가장 강한 곳이기도 하다. 당시 총격을 당한 기퍼즈 의원은 오바마 정부의 의료 개혁과 이민법 개선책의 확실한 지지자였다.

애리조나, 텍사스 등 미국 남부 지역은 대체로 오바마의 경쟁 세력인 공화당이 우세한 지역이다. 백인 우월주의도 여전하다. 이들 지역에서 미국의 경제 회복이 더딘 것을 유색 인종인 오바마 대통령 탓으로 돌린 것도 당연하다. 공화당 입장에서는 그들의 지지자들이 오바마 대통령이 추진하는 의료 개혁, 이민법 등에 대한 공청회나 선거 유세 장소에 나타나 정치인과 시민들의 토론을 방해하는 것을 은근히 반겼다. 일부 극단주의자들은 폭력을 사용해서라도 정상적인 정치 활동을 방해하고자 했다. 총상을 입은 가브리엘 기퍼즈 의원은 2010년 11월 총선에서 공화당 후보를 근소한 차로 따돌리고 당선된 인물이었다.

이러한 정치적 상황 때문에 애리조나 총기 사건을 우발적인 것으로 보기는 어려웠다. 오바마 대통령은 대립적 관계인 공화당과 그 지지자들을 대놓고 비난할 수도 없고 모르는 척할 수도 없는 난처한 입장이었다. 대립하는 관계에 있는 사람들을 옹호자로 만들지 못하면 국가 분열의 중심에 선 그에게 책임이 돌아올 수밖에 없는 절박한 상황이기도 했다.

오바마 대통령은 애리조나 총기 사건 추모식 연설 중에 충격으로 숨진 아홉 살 크리스티나 그린을 언급하다가 51초간 슬픈 감정이 북받쳐 말을 잇지 못했다. 긴 침묵이 흐른 다음 그는 "만약 이런 일이 내 딸들에게 일어났다면 누구와 이야기조차 할 수 없었을 것"이라며 눈시울을 붉혔다. "이런 식으로 국가 분열을 일으키는 사람들은 책임을 져야 한다"든가 "이럴수록 전 국민이 일치단결해야 한다"는 등의 원론적 책임론은 일체 입에 올리지 않았다. 오히려 "지금은 손가락질할 때가 아니라 치유하고 협력해야 할 때"라는 말로 통합을 강조했다.

이 연설로 오바마 대통령은 경쟁자를 옹호자로 만드는 데 성공했다. 미국의 보수 언론, 공화당 지지 신문들까지 "오바마 대통령은 이 연설로 전 국민과 감정적인 소통을 했다"는 찬사를 보냈다. 미국의 대표적인 보수 논객으로 사사건건 오바마 대통령을 헐뜯던 폭스뉴스의 글렌 벡까지 "아마도 그가 했던 연설 가운데 최고일 것"이라고 말했다.

경쟁자를 옹호자로 만들려면 패배했을 때도 그 사실을 확실히 인정하고 "내가 졌다"를 선언할 줄 알아야 한다. 선의의 경쟁은 하되 곤경에 처하면 경쟁자를 먼저 옹호할 만한 그릇도 되어야 한다.

말이란 물처럼 흐르는 것이기에 반드시 그 말들이 당사자의 귀에 들어가게 되어 있다. 자기를 옹호하는 경쟁자에게는 빚진 기분이 들기 때문에 반대 상황에 처했을 때는 자신도 경쟁자를 옹호하게 된다. 선순환이 이루어질 때 경쟁자는 서로의 옹호자가 될 수 있다.

경쟁자를 옹호자로 만들려면 상대방이 확실한 잘못을 했더라도 날카롭게 지적하지 말아야 한다. 오바마가 한 번의 연설로 경쟁자를 옹호자로 만든 비결은, 누구나 비난할 수 있는 충격 사건의 원인을 공개적으로 지적하며 비난하는 대신 치유와 통합을 말했기 때문이다. 사람은 누구나 큰 잘못을 저지르면 마음속으로 반성한다. 그러나 반성하고 있는 잘못에 대해 지적을 받으면 도리어 화가 난다. 또 지적을 한 대상이 경쟁자일 경우에는 화를 넘어 분노의 감정이 일어나기 마련이다.

기업은 불평 많은 고객을 옹호자로 만들 수 있어야 경쟁력이 커진다. 정치인은 반대자를 옹호자로 만들 수 있어야 수명도 길어지고 영향력도 커진다. 직장인은 자신을 시기하고 미워하는 동료들을 옹호자로 만들 수 있어야 널리 인정을 받는다.

솔직히 불편한 사람과는 대화를 트기조차 어려운 법이다. 불편한 사람과는 늘 긴장 관계가 형성되기 때문에 절대 나의 친절한 말 몇 마디에 호의를 갖지는 않을 것이다. 사소한 악연이라도 있다면 굳어진 마음이 부드러워질 때까지 온갖 트집을 잡을 수도 있다.

그런 마음이 누그러지게 하려면 어떻게 해야 할까? 절대 말꼬리를 잡아서는 안 된다. 묵묵히 상대의 트집이나 냉대를 인내할 수 있어야 한다. 그것이 불편한 사람을 옹호자로 만드는 하나의 비결이다.

'열 번 찍어서 안 넘어가는 나무 없다'는 말이 있다. 상대가 싫다고 거부해도 진정성을 가지고 반복해서 설득하다 보면 결국 상대도 마음을 열게 된다. 편한 사람과의 대화에만 안주하지 말고 불편한 사람을 옹호자로 만들어보자. 그의 입을 통해 나를 돋보이게 만들면 최고의 자리에 오를 수도 있다.

매혹적인 VS 전혀 매혹적이지 않은

경쟁자를 옹호자로 만드는 일은 쉬운 일이 아니다. 지나친 경쟁심만 내세우다가 양측이 다 손해를 보는 경우도 허다하다. 경쟁자를 인정하고 서로가 보다 발전할 수 있도록 응원해 보자.

매혹적인	전혀 매혹적이지 않은
• K 대리는 일에 있어서는 언제나 완벽을 기하는 편이라 칭찬할 만해.	• K 대리가 지난번 프레젠테이션에서 준비한 상품 기획안은 형편없었어. 나라면 훨씬 더 좋은 기획안을 내놓을 자신 있는데!
• J 회사는 서비스가 투철해. 우리 회사도 제품 품질에 대해 자신이 있지만, J 회사의 서비스 정신은 배울 만해.	• J 회사는 품질이 형편없어. 제품 품질 하면 우리 회사가 으뜸이지. J 회사 상품은 우리 라이벌이 될 수 없어.
• 아군이 적군이 될 수도 있고, 적군이 아군이 될 수도 있음을 명심한다. • 선의의 경쟁을 즐거워한다. • 나의 이익을 위해 상대를 함부로 깎아내리지 않는다. • 상대를 먼저 인정하고 장점을 칭찬할 수 있다.	• 경쟁에서는 어떤 수단과 방법을 동원해서라도 이기려고 한다. • 나의 이익을 위해 상대의 약점을 공격한다. • 상대가 자신에 대해 좋은 평을 먼저 해주어야만 우호적으로 대한다.

질책을
고마운 충고로

|

"겉보기에는 그럴듯해. 그런데 문제는 홍수에 대한 대비가 전혀 없다는 거야."

"거기는 100년 전에 딱 한 번 홍수가 나고, 그 뒤로는 쭉 안전하지 않습니까?"

"홍수가 난 지 100년이 지났으니 다시 날 수 있는 가능성이 더 크다고 볼 수도 있지. 빌딩은 한 번 지으면 몇백 년씩 서 있는 것인데, 100년이고 200년이고 홍수 같은 자연재해에도 끄떡없어야 실력 있는 건축가가 지은 건축물이라고 할 수 있지. 훌륭한 건축가는 그런 것부터 신경을 쓴다네. 그런데 자네는 그 부분을 전혀 고려하지 않은 것으로 보이는군. 모양에만 치중하면 훌륭한 건축가가 될 생각은 없다고 봐야지. 그런 사람이 건축과에는 왜 들어왔나?"

"그런 생각을 전혀 하지 않았다기보다 도심에 있으니까 당연히 홍수에 대한 안전장치가 되어 있을 것으로 보고……."

"게다가 변명도 많군. 건축가는 절대 변명하지 않아."

미국에서 건축학을 공부한 큰아들의 학기말 발표에 참석했다. 교수들과 유명 건축가들이 어찌나 학생들을 따끔하게 야단치는지 내 등골이 다 오싹했다. 본교 교수 다섯 명, 초청 교수 다섯 명, 유명 건축회사 대표이자 현직 건축가 다섯 명, 총 열다섯 사람이 학생 한 명을 앞에 놓고 사방에서 프로젝트에서 발견한 허점을 꼬집으며 날카롭게 질책했다.

큰아들은 미국의 미시간 대학교에서 건축을 전공했다. 프로젝트는 인근 도시인 시카고의 미시간 로를 가로지르는 좁고 긴 강가에 선착장을 짓는 것이었다. 번화가에 난 중앙 도로에서 계단을 따라 강 쪽으로 내려가면 작은 바위로 이루어진 땅이 있다. 학생들은 그곳을 견학하고 돌아와 가상으로 유람선 선착장을 짓는 프로젝트를 과제로 받았다.

폭이 좁은 강의 양옆으로는 도시에서 가장 번화한 도로가 있다. 당연히 여러 재해에 대한 대비 장치가 되어 있을 것으로 여겨지는 곳이었다. 큰아들도 다른 학생들처럼 홍수 대비를 하지 못했다. 그러나 교수들은 다음번에는 그런 점까지 사전에 꼼꼼하게 체크하도록 학생들을 눈물이 쏙 빠지게 야단쳤다.

큰아들은 매년 두 번씩 학기가 바뀔 때마다 그런 일을 겪는다고 말했다. 이 과정을 통해 건축가다운 안목과 관점을 기를 수 있다고 한다. 뉴욕 대학에서 경영학을 공부한 작은아들은 그 정도의 질책은 아무것도 아니라고 했다. 자기네 학교의 학기말 프레젠테이션은 회사를 세우거나, 팔고 사거나, 망해가는 회사를 인수해서 살려내는 프로젝트를 과제로 받아 마지막 날 발표하는데, 작은 실수라도 드러나면 초청된 교수들과 뉴욕 굴지의 CEO들이 학생 한 명을 놓고 "네가 그 회사 망하면 책임질 거야? 어떻게 책임질 건데?" 하며 숨도 못 쉬게 몰아붙인다는 것이다.

그러면서 두 아이 모두 한결같이 그럴 때마다 가장 날카로운 평가를 해주시는 분에게 감사하다고 말한다. 따르는 학생도 가장 많단다. 자신들도 대학 졸업 후 꾸준히 연락을 주고받는 분들이 그때 가장 호되게 평가를 해주신 분들이라고 한다. 아무리 냉정하고 날카롭게 평가를 하더라도 애정이 있기에 그런 평가가 가능하다는 것을 아는 것이다.

고마운 질책을 달게 받아들여 성공한 사람은 역사에서도 볼 수 있다. 중국 역사상 최고의 성군으로 평가받는 당태종 이세민을 그중 먼저 꼽을 수 있다. 그는 태자였던 형의 황위를 찬탈했다. 형은 장자 승계로 자동적으로 태자가 되었으나 성격이 무르고 결단력이 부족했다. 게다가 자신의 라이벌로 급부상한 이세민을 제거할 계획을 세웠다. 이를 안 이세민은 역습으로 형을 참살하고 자신이 황제에 올랐다.

황위에 오른 이세민은 형의 측근들을 처형하기 위해 잡아들였다. 태자의 최측근이었던 위징을 이세민이 직접 취조했다. "너는 어찌하여 형과 손을 잡고 나를 죽이려 하였느냐?" 위징은 자신의 목이 날아가리라는 것을 알았지만 조금도 굴하지 않고 "태자가 내 말을 들었다면 참살당하지는 않았을 것입니다. 신하는 주군을 위해 전력을 다할 뿐입니다"라고 바른말을 했다. 이세민은 위징의 소신과 용기, 그리고 죽음을 두려워하지 않고 바른말을 할 줄 아는 점을 높이 사 신하로 중용했다.

그 뒤 위징은 이세민에게 바른 소리를 해서 늘 초심을 잃지 않도록 했다. 그가 곁에 있어 이세민은 중국의 기나긴 역사 속에서 높은 평판을 받을 수 있었다. 그가 위징의 바른말을 고마운 충고로 받아들여 올바른 정치를 하지 않았다면 역사는 그를 형을 죽이고 왕이 된 패륜아 정도로만 기록했을 것이다.

질책을 고마운 충고로 받아들일 줄 알면 평생을 품위 있게 살 수 있다. 그래서 예전에는 뼈대 있는 가문일수록 자식을 호된 질책을 해가며 키웠다. 내 친정 어른들도 질책이 매서운 편이었다. 나의 어머니가 천성적으로 병약해 나는 할머니의 엄한 훈육 아래 자랐다. 할머니는 다른 집 할머니들처럼 푸근하고 인자한 분이 아니었다. 일례로 식사 후 수저를 놓자마자 곧바로 설거지를 하지 않으면 집안이 망한다며 매섭게 질책했다. 어쩌다 급해서 그릇을 싱크대에 쌓아두면 눈물이 쏙 빠질 정도로 꾸짖었다. 맏이인 나는 할머니의 매서운 질책 덕으로 지금까지 차 한 잔을 마셔도 곧바로 그릇을 닦아두어야 안심하는 편이다.

할머니의 엄격하고 매서운 질책은 이뿐이 아니었다. 새벽 일찍 일어나기, 자투리 시간 허투루 쓰지 않기, 말 함부로 하지 않기 등 사소한 습관 하나라도 바로잡고 가고자 했다. 살아 계실 때는 다른 집 할머니들과 달리 너무 냉정해서 야속하다 싶었지만 돌아가신 지 10년이 넘은 지금은 '할머니'라는 말만 들어도 '엄마'라는 말을 들을 때보다 콧날이 더 시큰해진다.

"쓴소리를 새겨들을 줄 알아야 사람 된다."

우리 자랄 때만 해도 이 말을 참 많이 들었다. 요즘에는 길에서 담배를 피우는 어린 학생에게 "담배 피우지 마라" 하고 말하다가 봉변당했다는 이야기가 심심치 않게 들려온다. "요즘 세상에는 그저 보고도 못 본 척, 알면서도 모르는 척 입 다물고 사는 게 상책이에요"라고 푸념하는 장년층들도 많이 만난다.

그렇다고 어른들의 질책이나 충고를 거부하는 청년들을 탓하자는 것이 아니다. 나이와 관계없이 쓴소리를 듣고 얼굴이 벌게지거나 화를 내기보다 유연하게 받아들이고 중요한 말은 잘 새겨듣는 자세가 필요하다는 것을 말하고자 하는 것이다. 그러한 자질을 가진 사람이 자신을 발전시킬 수 있으며, 대화에서도 상대에게 훨씬 좋은 인상을 남길 수 있다. 그리고 보다 짧은 시간에 매혹적인 사람으로 거듭날 수 있다.

거절을
관계 강화로

|

어느 날 페이스북에 다음과 같은 내용이 올라오자 댓글이 줄줄이
이어졌다.

> 찜찜한 'Yes'보다 시원시원한 'No'가 좋다. 기분 좋게 대답하면 누구
> 에게나 사랑받는다. 주변에서 사랑받는 사람을 살펴보라. 대답을 시원
> 시원하게 잘할 것이다. 'Yes'건 'No'건 상관없다. 중요한 것은 기분 좋
> 게 대답하는가, 그렇지 않은가다. 노력에 비해 사랑받지 못하는 사람은
> 대부분 대답이나 반응이 시원하지 못하다. 대답의 시원한 정도에 따라
> 이후의 대화 방향이 결정된다.

페이스북에 올라온 내용을 조금 축약하고 정리했다. 이 글에 대
한 댓글도 정리해서 소개하겠다.

> — 제 시간이 소중해진 다음부터 'No'가 'Yes'보다 더 중요하다는 것
> 을 알게 되었습니다.
> — 좋은 글입니다. 가끔은 예외도 있더군요. 제가 근무하는 곳에서는
> 시원하게 'No'를 말했다가 좌천되는 경우도 봤습니다. 인생살이

쉽지 않습니다. 그래도 글 내용은 잘 알겠습니다. 대한민국에 'No'를 외치는 사람이 많아지기 바랍니다.

— 틀린 말도 'Yes'라고 해줘야 하나? 고민하다가 'No'라고 바른말을 하면 왕따 되는 대한민국의 일부 문화가 하루빨리 청산되었으면 합니다.

— 'No'를 말하기 전에 세 번 생각하세요! 내가 도와야 할 일이면 입장 바꿔 생각해야 합니다. 내 도움이 절대적으로 필요하고 내게 큰 피해가 안 온다면 도와가면서 살아야 합니다.

— 절실한 도움이 필요한 사람의 부탁에 'No'라고 말하면 평생 한을 품을 것입니다. 따라서 가까운 사이에는 꼭 필요한 도움이 아니면 부탁을 삼가야 합니다.

— 확실한 'Yes'를 말할 상황이 아니면 반드시 'No'라고 말해줘야 한다. 그래야 상대방은 다른 계획을 세울 수 있다. 그 대신 거절하는 이유는 분명히 설명할수록 좋다.

— 좋은 사이에서는 가능한 한 돕고 살아야 한다. 특히 돈 문제는 여유 있을 때 도와야 내가 어려울 때 도움을 요청할 수 있다.

— 독재 정권 등에서 바르게 의사 표현을 했다가 피해를 본 일이 많아 국민들의 의사 표현 방법이 이상해졌습니다. '밖에 비 오니?' 하고 물으면 '비가 옵니다'라고 말하는 대신 '비가 오는 것 같습니다'라고 대답합니다. '~인 것 같습니다'라는 표현은 'Yes', 'No'를 시원

하게 말하지 못하고 상대방 눈치를 많이 보고 산다는 것을 의미합니다.

— 확실히 찜찜한 'Yes'보다 시원시원한 'No'가 절대적으로 필요합니다. 친구 관계에서도 애매한 친구보다 분명한 적이 되레 낫지요.

— 분명한 'No' 상황에서 'Yes'를 외치면 듣는 사람도 상대방이 자신의 비위를 맞추고 있다고 판단해 무시하지요.

여러 사람의 댓글에서 보듯 거절은 항상 찜찜하고 어려운 과제다. 그러나 인간은 혼자 해결하지 못하는 일로 둘러싸여 산다. 부탁과 거절은 일상적으로 일어나기 마련이다. 이 문제를 명쾌하게 해결하면 삶이 많이 편해질 것이다. 방법은 도와주기 어려운 부탁을 거절하지 못하면 더 낭패임을 본인과 상대가 인지하는 것이다.

누구의 부탁도 거절하지 않으면 천사라고 불릴지 모른다. 그러나 자신의 능력을 뛰어넘는 일을 거절하지 못하면 심리적 부담만 커진다. 성의 있게 그 일을 처리해 주기도 어렵다. 더한 경우 미흡한 일 처리로 욕을 먹을 수도 있다. 그야말로 부탁 들어주고 뺨 맞는 곤경에 처하기 십상이다.

중견 기업에 막 입사한 K씨는 어릴 적부터 거절 못 하는 성격을 타고났다. 학교 다닐 때도 궂은일을 도맡아 했다. 부탁을 들어줄 형편이 안 되어도 거절의 후유증이 두려워 일단 'Yes'를 하고 본다. 어렵게 취업해 신입 사원이 되자 거절에 대한 두려움은 극에 달했다. 거절이 직장 내 평판을 좌우한다는 것을 신념처럼 믿었다. 신입 사원에게는 온갖 궂은일이 다 맡겨지는 법! 'No'를 말하지 못하다 보니 이 선배 저 선배의 보고서 자료 찾기, 보고서 마무리하기, 사적인 심부름 등으로 잠시도 쉴 틈이 없었다. 매일 야근을 하고도 자기 업무를 제대로 처리할 시간이 부족했다. 부탁받은 일만큼은 잘해야 한다는 강박관념으로 남의 일에 열중하다가 자기 업무 망치기가 부지기수였다. 그렇게 오랜 시간을 보내다 보니 점차 일에 치여 회사에 다니기 싫다는 생각에 시달리기 시작했다. 그가 회사를 옮기면 문제가 해결될까? 그럴 리 없다. 같은 일이 되풀이될 것이다.

거절을 오히려 관계 강화의 계기로 삼을 수 있을까? 적절하게 표현을 잘하면 거절을 오히려 관계 강화의 계기로 삼을 수 있다. 거절의 이유와 미안함을 최대한 진실하게 표현하는 것이 관건이다. 가령 돈을 빌려달라는 친구의 부탁을 들어줄 형편이 못 된다면 최소한 친구의 형편에 공감해 주는 것이 좋다. 친구의 입장에 서서 감정 이입을 해보면 "어떻게 하면 좋지?"라는 단 한마디로도 공감을 충분히 표현할 수 있다.

예민한 상태에 있는 친구의 마음을 다독일 수 있는 대화에 자신이 없다면 문제 해결 후에 친구에게 조촐한 식사 대접을 하면서

"지난번 부탁은 들어주지 못해서 미안해"라고 말해 마무리를 잘 해두는 것도 좋다. 부탁과 거절 사이에 생긴 앙금이 자연스레 사라질 것이다.

잦은 회식, 자녀의 용돈 인상, 아내의 명품 선물 요청 등 가까운 사이일수록 거절할 일이 더 많다. 그런 경우에도 무작정 안 된다고 하기보다 거절이 가슴 아프다는 감정을 드러내며 말하면 상대방도 내 형편에 깊이 공감하고 관계가 강화될 것이다.

거절도 매혹적으로 할 수 있다. 부탁한 사람의 어려운 처지에 적극적으로 공감을 표현해 주면 된다. 그 어려운 부탁의 대상으로 나를 선택해 준 것을 감사히 여긴다는 말을 반드시 한다. "그런 부탁을 해줄 정도로 나를 믿고 있었다니 고마워" 등 간단한 말로 충분하다. 그러나 입으로는 미안하다고 말하면서도 마음속으로는 '귀찮게 왜 하필 나를……'이라고 생각하면 얼굴에 속마음이 그대로 드러난다. 약 올리는 듯한 기분이 들게 하는 것이다. 이때는 마음으로부터 깊이 공감하는 것이 중요하다.

그다음에는 상대방이 그런 부탁을 하기까지의 고심을 말로 어루만진다. "자존심 강한 사람이 그런 부탁하기가 쉽지 않았을 텐데……" 하며 손이라도 꼭 붙들어준다면 부탁한 사람의 경직된 마음을 누그러뜨릴 수 있다. 마음을 누그러뜨린 다음, "그런데 어쩌지? 내가 ○○○ 때문에 부탁을 들어줄 수가 없네. 정말 미안해" 등 거절의 의미가 왜곡되지 않도록 분명하지만 부드러운 표현법으로 'No'를 말하는 것이 좋다.

중요한 것은 "오죽하면 나한테까지 부탁했겠어. 나도 들어줄 수 있다면 얼마나 좋을까" 등의 수사에 진정성이 묻어 있어야 한다는 것이다. 또 'No'가 분명히 전해지도록 말해야 한다는 것이다. 단 몇 마디에 불과하지만 그런 말은 부탁하는 사람의 예민해진 감정을 유연하게 풀어주어 오히려 상대의 마음을 얻을 수 있다. 마음이 유연해지면 상대가 약간 냉정한 말을 해도 냉정하지 않게 들리고 때로는 위로를 받는 법이다.

거절로 인간관계를 망가뜨리지 않으려면 애매한 표현을 삼가야 한다. 항상 부탁하는 사람은 절박하고, 그래서 상대의 말을 가급적 자신에게 유리한 쪽으로 해석하기 쉽다. "한번 알아볼게", "생각해볼게" 등의 애매한 표현은 대부분 부탁을 들어준다는 긍정의 의미로 해석된다. 긍정적 결과를 기대하게 만드는 것이다. 뒤늦게 그 말이 거절의 의미였다는 것을 알면 화를 넘어 배신감까지 느낀다. 헛된 기대로 빨리 다른 사람에게 부탁해서 해결할 기회마저 잃은 셈이기 때문이다. 이 경우에는 관계가 깨지면서 적대감이 생길 수도 있다.

거절의 부담 때문에 부탁을 받으면 딱딱하고 사무적으로 말하는 사람들이 많다. 이러한 대응도 조심해야 할 부분이다. 거절당하는 사람 입장에서는 거절당하는 것도 자존심이 상하는데 거절하는 사람의 표정이나 말투까지 딱딱하면 마음에 더 큰 상처를 입는다.

매혹적인 말도 연습의 산물이다. 거절의 말을 하기 전에 충분히 연습하면 따뜻한 표정으로 "미안하지만, 그건 안 되겠어. 도움이 못 돼서 어쩌지?"라고 말할 수 있다. 상대가 정색하며 더 강하게 부탁하면 조금 더 진지하게, "정말 내 힘으로는 할 수 없어"를 분명히 말할 수도 있다. 거절의 경험이 적다면 대본을 만들어 충분히 연습해서 말하는 것이 안전하다.

누구나 상대방이 간절하게 부탁해 오는데 거절하면 마음이 찜찜할 수 있다. 그러나 "차 한잔 나누실래요?"와 같은 가벼운 부탁을 거절할 때도 "오늘은 바빠서 곤란한데요"와 "정말 좋은 기회인데 어쩌지요? 중요한 선약이 있어서…… 다음에 시간 되면 꼭 제가 차 대접 한번 하겠습니다"의 차이가 크다. 받아들이는 사람의 마음도 크게 다르다. 전자의 경우는 냉정한 거절에 섭섭한 마음부터 들지만 후자의 경우는 상대의 마음이 진지하고 나에 대해 우호적이라는 사실을 느낄 수 있다.

매혹적인 VS 전혀 매혹적이지 않은

거절을 관계 단절로 이어갈 것인가, 아니면 관계 강화로 이어갈 것인가? 거절의 말로도 진심을 잘 전달하면 상대의 마음을 위로하고 훗날의 관계를 돈독히 할 수 있다.

매혹적인	전혀 매혹적이지 않은
• 모처럼 같이 차 마실 좋은 기회인데 어쩌죠? 빨리 처리해야 할 일이 있어서……. 대신 내일은 괜찮아요. 내일 제가 차를 대접할 테니 같이 마셔요. • 모처럼의 부탁인데 큰일이네. 꼭 들어주고 싶은데……. 미리 알았으면 약속을 잡지 않았을 텐데요. 한 달 전에 잡힌 선약이 있네요.	• 어쩌죠? 약속이 있어요. 진작 말하지 그랬어요? • 왜 맨날 나한테만 부탁해요? 부탁할 만한 다른 사람 없어요?
• 정중한 말로 거절의 뜻을 밝히고, 다음 기회를 기약한다. • 부드럽고 진심 어린 표정으로 거절의 의사를 밝힌다. • 거절을 했다고 해서 상대와의 만남을 꺼려하지 않는다.	• 딱딱한 말투나 표정으로 거절하여 상대에게 도리어 상처를 준다. • 자신에게 부탁하여 매우 난처하거나 불쾌하다는 표현을 가감없이 한다.

기업체 등에 초빙되어 강의를 나갈 때, 텅 빈 강의실에 먼저 도착해서 사람들이 들어차는 모습을 지켜보는 것이 재미있다. 대부분 중간쯤에 몇 사람 앉고 그 뒤부터 자리가 찬다. 보통 맨 앞은 가장 늦게 온 사람이 앉는다. 강사의 시선은 맨 앞자리는 비켜간다. 대체로 중간에 앉은 사람과 시선이 얽힌다. 강사와의 교감을 위해 중간 자리를 선택했다면 성공이다. 그러나 강사의 시선을 피할 생각이라면 실패다.

사람과 사람 사이의 간격은 마음의 거리와 비례한다. 강사와 가까이 앉으면 마음의 교감이 쉽고, 강사가 내뿜는 에너지의 일부도 가져갈 수 있다. 질문하기도 쉽다. 질문자가 많으면 동시에 손을 든 사람들 중 앞사람이 먼저 주목받는다.

사람 많은 곳에서는 누가 누군지 구분이 잘 안 된다. 앞자리에 앉으면 강의 중에 강사의 시선은 피하고 교감은 잘되니 일석이조다. 집중해 들으려면 맨 앞자리에 앉는 습관을 갖는 것이 좋다.

지금은 개인 브랜드 시대다. 아까운 시간을 쪼개서 소셜 미디어에 적극적인 자기 홍보를 한다. 그러고는 아이러니하게도 오프라인 모임에 가서 뒷자리에 앉는다. 정작 홍보 기회가 있는 곳에서 자기 홍보 기회를 놓치는 것이다.

이유는 대화 콘텐츠의 빈곤이다. 대화 콘텐츠가 많으면 누가 말을 걸어오건 문제될 것이 없다. 거침없이 앞자리로 갈 수 있다. 대화 콘텐츠가 빈약하면 누군가가 말을 걸어오는 것이 두려워진다. 간단한 질문에도 대답을 하지 못해 당혹해한다. 그래서 앞자리로 도저히 발걸음이 옮겨지지 않는다. 강의실에서도 강사가 어려운 질문을 할까 봐 가급적 뒤로 가서 숨고 싶어진다.

대화 콘텐츠가 빈곤하면 연애에서 성공하기도 힘들다. 이성 친구의 교양 있는 질문도 두렵다. 업무 외적으로 직장 동료와 사적인 대화를 나누기도 어렵다. 사장 자리에 올라가도 직원이나 거래처 사람과 대화 나누기 어려운 것은 마찬가지다. 대화 콘텐츠가 부족하면 직원들에게 지루하고 재미없는 이야기만 하게 되어 금세 대화 기피 대상 1호가 된다.

대화의 시대에 콘텐츠가 빈곤하면 하는 말 대부분이 재미없어 매력적인 대화의 주역이 되지 못한다. 요즘에는 어느 직종이건 프레젠테이션의 기회가 많다. 이런 공적 발표는 연습을 많이 하고, 그 결과 잘하는 사람들이 많다. 그러나 사적인 대화는 따로 공부할 기회가 없어서 잘하는 사람들이 적다. 사회생활에서는 공적 대화보다 사적 대화가 많다. 사적 대화에서 인기를 잃으면 일을 잘하고 공적 대화에 성공해도 나를 돋보이게 하기 어렵다. 이제는 사적인 대화에도 공을 들여야 한다. 그 첫 단계가 대화 콘텐츠 축적이다.

직장 생활 3년차 H씨, 직장 내 협상가로 자타가 공인한다. 공식적인 자리에서는 말을 매우 잘한다. 그러나 사적인 대화에서는 너무 과묵하다. 목적이 분명하고 매뉴얼화된 말하기는 훈련을 많이 받아 막힘이 없지만 잡담 등 사소한 자리에서의 설득력은 거의 제로 상태다. 그는 일은 잘하지만 재미없는 사람으로 분류되었고, 업무 외적인 대화에서는 항상 열외 취급을 받는다. 물론 누군가가 대화 주제를 던지면 실마리를 풀어가는 정도는 되지만, 주제가 없으면 어떤 말로 이야기를 시작해야 할지 몰라 꿀 먹은 벙어리다.

동료들은 H씨가 공식적인 협상이나 프레젠테이션을 잘한다며 부러워한다. 그러나 정작 H씨는 사교적인 대화에 약해 30대 중반까지 여자 한번 제대로 사귀어본 적이 없다. 소개팅을 여러 번 해보았지만, 침묵만 고수하다가 모두 차였다.

H씨는 생활 자체가 매우 건조하며, 전형적인 모범생이다. 그러다 보니 대화 콘텐츠도 매우 빈곤하다. 좋아하는 여자를 매혹해 가까이 불러들이려면 여자들의 관심사인 패션, 음악, 영화, 연극, 공연 등의 기본 상식 정도는 알고 있어야 한다.

대화는 공통적인 관심사에서부터 실마리를 푸는 법이다. 공감할 만한 대화 주제를 챙겨두지 못하면 누구라도 대화 실마리를 찾기가 어려운 법이다. 요즘 여자들은 대체로 여행, 와인, 음식, 사진 찍기, 공연, 영화, 패션 등에 관심이 많다. 정보를 실시간으로 교류할 수 있는 인터넷 사이트가 많아진 덕분에 그에 대한 정보도 엄청나다. 남자도 관심을 갖고 정보를 모으면 대화에 박자를 맞출 정도의 얄팍한 정보는 쉽게 모을 수 있다. 여자 역시 남자의 관심사에 관한 어느 정도의 정보를 확보해야 매끄럽게 대화를 나누고, 호감이 가는 이성과의 인연을 오래 이어나갈 수 있다.

노력 없이 말을 잘하지 못한다고 불평하는 것은 연습도 하지 않은 채 국제 대회에 나가지 못한다고 투덜거리는 운동선수만큼 무모하다. 공식적인 스피치나 대화에만 연습이 필요한 것이 아니다. 사교적인 대화에서도 상대의 관심사와 일치할 콘텐츠를 축적해야 한다.

매혹적인 대화의 주재료는 풍부한 대화 콘텐츠다. 해외를 자주 돌아다니다 보니 외국인들과 식사할 일이 많다. 내가 만나는 외국인들은 대부분 서양인인데, 그들과의 식사 자리에는 대체로 이야기가 풍성하다. 잠시 시간을 함께한 사람들도 남녀 상관없이 대부분 음식 박사들이다. 식사를 주문하는 순간부터 음식 이야기로 대화의 실마리를 푼다. 그날 주문한 스테이크의 유래, 스테이크로 사용되는 고기의 종류와 그 고기를 사용하게 되기까지의 일화들, 파스타를 중국에서 들여와 이탈리아에 정착시키기까지의 역사, 바질, 고수, 로즈마리 등 향료의 유래와 유통 경로, 이를 둘러싼 정치·경제적 소용돌이와 갈등 등을 소재로 이야기의 샘이 마르지 않는다. 남의 흉 하나도 보지 않고, 정치적 논쟁이나 연예인 뒷담화도 전혀 없이 잘 알지도 못하는 사람과 이 정도로 할 이야기가 넘친다는 사실에 깜짝깜짝 놀란다. 그들에게는 나도 모르게 매료당한다.

국내 지인들과는 대체로 정치적 이슈, 종교적 견해, 자녀 교육, 사회 문제 등을 대화 메뉴에 올린다. 갈등의 소지가 있는 민감한 주제들이다. 이야기를 계속 해나가다 보면 견해가 다른 사람 간의 싸움으로 변질되어 중간에서 곤란했던 적도 많다.

대화의 품질은 대화자들의 대화 콘텐츠가 결정한다. 관심의 범위를 좀 더 재미있고 아기자기한 것으로 옮겨보자. 영화 한 편을 보고도 의상, 음악, 배경, 사회적 맥락 속에서의 주인공의 심리와 철학 등 즐겁게 공감할 만한 대화 콘텐츠들을 쉽게 찾아볼 수 있다. 이 콘텐츠들이 풍부하게 모이면 당신도 매혹적인 대화를 할 수 있을 것이다.

어느 모임에서 40대의 한 남자를 만났다. IT 계통의 프리랜서라고 했다. 그는 "저는 어릴 때부터 이런저런 잡다한 이야기를 하면 어른들에게 쓸데없는 말 그만하라는 야단을 참 많이 맞았어요. 그래서 저도 제 아이들이 그런 시시콜콜한 이야기를 하면 쓸데없는 말 그만하라고 야단칩니다"라고 말했다. 나는 디테일을 설명할 줄 아는 능력이 대화 콘텐츠를 축적하는 힘이라고 말했다. "저도 모임에서 IT 계통 이야기 말고는 할 말이 별로 없는 게 사실입니다. 그러나 습관이라는 것이 워낙 무서워서……" 그는 끝말을 흐린다.

우리의 여건이 이렇다. 나도 잘 알고 있다. 그러나 이제는 과묵한 남자가 인기를 끄는 시대가 아니다. 남자도 재미있고 유익한 말을 잘해야 주류가 될 수 있다.

자기 분야만 파고들어 건조하게 말하는 사람도 역시 지속적으로는 환영받지 못한다. IT 종사자가 예술을 말하고 예술가가 스마트폰과 결합된 첨단기술을 말하는 시대다. 분야와 장르를 넘나드는 통섭의 시대인 것이다. 대화는 시대의 흐름과 궤를 같이한다. 자기 분야 이외의 다양한 이야깃거리들을 자유자재로 꺼내고 소화할 수 있어야 주변인에서 주역으로 위치 변경을 할 수 있다.

대화 콘텐츠를 어떻게 축적해야 할까? 가장 손쉬운 방법이 다양한 분야의 독서다. 동영상과 인터넷 정보가 넘치는 시대지만 독서의 위력을 여전히 무시할 수는 없다. 조금만 눈여겨보면 일상생활에서 매일 접하는 커피, 밥, 설탕, 밀가루, 빵, 맥주, 와인, 비누, 화장품, 컴퓨터, 휴대전화 등에 관한 재미있는 이야기가 수두룩하다.

빵을 예로 들어보자. 이집트 사람들은 뜨거운 화덕 안쪽 벽에 둥글게 편 밀가루 반죽을 붙인다. 적절히 열을 가하면 속이 텅 비고

탐스럽게 부푼 풍선 모양의 에이슈Aishu 빵이 완성된다. 공기를 빼면 인도의 난과 비슷해진다. 이처럼 이집트 사람들이 인류 최초로 빵 굽는 기술을 발명했고, 이렇게 만든 빵이 유럽으로 건너가 주식이 되었다. 빵 굽는 기술은 중동까지만 전달되었다. 동남아시아, 극동 아시아는 빵이 아닌 쌀로 밥을 지어 주식을 삼는다.

재미있는 것은 빵 굽는 기술을 도입한 나라 사이에는 공통되는 문화 코드가 있다는 점이다. 중동과 유럽은 십자군 전쟁 이래 오늘날까지 종교 간의 갈등으로 앙숙처럼 지낸다. 그러나 문화 교류만은 활발하다. 프랑스에서 석학이 되려면 반드시 아랍어를 배워 문화 간의 연결 고리를 알아야 하고 아랍에서 석학이 되려면 프랑스어를 배워 문화의 연결 고리를 찾아내야 한다.

이런 식으로 사람들이 잘 아는 것 같지만 정확히는 모르는 재미있는 이야기 콘텐츠를 꺼내놓으면 금세 주변 사람들의 시선을 집중시킬 수 있다. 이런 이야기들은 사소한 것의 역사를 다룬 책들을 많이 읽어 축적할 수 있다. 해외 석학들의 동영상 강좌, 나라 안팎의 수준 높은 다큐멘터리 영상물로도 재미있고 유익한 정보는 얼마든지 얻을 수 있다.

다음으로는 다양한 교우 관계가 필요하다. 서로 다른 직종의 사람이 모이는 모임에 많이 참여하는 것이 좋다. 그들과 사귀면 문화가 전혀 달라도 재미있게 대화할 수 있다. 색다른 대화 콘텐츠도

쌓인다. 그렇게 되면 누구를 만나도 막힘없이 대화의 밑밥을 놓을 수 있는 기술이 생긴다. 처음에는 할 말이 없고 어색할 수 있지만 다른 직종 사람들과 대화를 자주 하면 새로운 분야의 언어에도 익숙해진다.

끝으로 호기심 안테나를 끊임없이 높여야 한다. 호기심 안테나가 높아야 새로운 것을 만나면 디테일까지 살펴 색다른 이야기 콘텐츠를 챙길 수 있다. 호기심 안테나가 낮으면 같은 사물을 보고도 남들 다 아는 이야깃거리인가 보다 하고 무심해진다. 호기심 안테나가 높은 미국의 물리학자 리처드 파인만은 해바라기 씨앗을 보고 수열을 발견했다. 피타고라스는 수학자이면서 음악의 8음계를 만들었다. 호기심과 성의만 있으면 재미있는 이야기 콘텐츠 만드는 것쯤은 누구나 할 수 있는 일이다.

4장

모두가 공유하는
매혹적인
대화법의 사례

fascination

행동을 이끌어내는 매혹의 달인

—

매혹적인 대화의 비결은 중언부언하지 않고 짧은 시간에도 핵심을 잘 전달하는 것이다. 더불어 강렬한 메시지와 영감으로 듣는 이의 마음을 사로잡고, 적극적인 행동을 이끌어낼 수 있어야 한다.

뉴미디어 시대를 맞아 우리는 유튜브 등을 통해 각계각층의 다양한 정보를 접하고 전문가들의 조언이나 강연도 들을 수 있게 되었다. 이를 통해 매혹적인 대화의 기술도 충분히 배울 수 있다.

비영리재단인 TED에서는 문학, 마케팅, 과학, 삶, 음악, 예술, 패션, 사람 등 흥미로운 주제들을 다양한 강연들로 다루고 있다. 빌 게이츠 같은 유명 인사나 널리 알려지지 않았지만 한 분야의 탁월한 전문가들이 매혹적인 주제와 강의 방법으로 세계인들의 마음과 행동을 사로잡고 있다.

TED의 강연자들은 짧은 시간 안에 청중의 눈과 귀를 사로잡고, 마음까지 훔치는 매혹의 달인들이다. 강연의 흡인력과 파급력 또한 대단하다. 그들의 강연을 통해 무엇이 사람들의 마음을 사로잡고, 행동하게 하는지 알 수 있도록 간략하게 강좌 내용 몇 개를 뽑아 소개해 본다. 끝 부분에 있는 인터넷 주소URL를 웹사이트 주소 창에 입력하면 동영상 강좌를 시청할 수 있다.

매혹적인 질문

관계 확장과 소통이 가져오는 집단 리더십

데이비드 로건 _David Logan

데이비드 로건은 남가주 대학교 최고 경영자 과정에서 조직 커뮤니케이션 강의를 하면서 조직, 가족, 세대 간의 커뮤니케이션 컨설턴트 회사를 운영하고 있다. 500여 곳에 이르는 글로벌 대기업의 컨설팅을 성공적으로 이끌었으며, 말레이시아 등 정부 관련 일도 수행했다. 또한 남가주 커뮤니케이션 컨설턴트로 일하는 동안 남가주 대학교에서 2001년부터 2004년까지 의학박사 과정을 수료했으며, 《Tribal Leadership부족 리더십》 등 4권의 책을 저술해 베스트셀러 작가로도 조명되었다.

데이비드 로건은 2009년 TED 강연자로 나서서 동료들과 함께 오랫동안 연구한 '부족 리더십'에 대해 짧지만 강렬한 인상을 주는 강연을 했다. "어떻게 해야 세계를 깜짝 놀라게 할 혁신을 일으킬 수 있을까?" 여기에서는 '어떻게 해야'가 중요한 관건이다.

데이비드 로건은 부족조직이란 무엇인가, 부족의 발전 단계, 더 모범적인 조직으로 발전하는 방법 등을 설명했다. 일차적으로 그는 '부족'을 한 팀보다 많은, 20명에서 150명 사이의 집단으로 규정했다. 부족이라는 개념 안에서 우리는 모두 부족의 일원이다. 부족 안에서는 사회가 형성되고 많은 중대한 일들이 일어난다.

데이비드 로건은 강연에서 부족의 발전 단계를 다섯 단계로 나누고 우리가 인식하고 있는 부족의 개념, 우리가 속해 있는 부족의 형태, 우리가 나아가야 할 바람직한 부족의 모습 등에 대해 설명하고 있다. 나는 여기에서 각 부족원의 변화 또는 다른 부족과의 관계 확장이 가져올 수 있는 놀라운 변화에 주목하고자 한다. 부족의 발전 단계는 1단계부터 시작해 5단계에 이른다.

1단계는 말 그대로 갱 집단의 문화다. 이 단계에 속한 부족들은 저마다 개인적인 가치를 따로 가지고 있지만 부족 안에서 살아남기 위해 자신의 가치를 버리고 부족의 룰을 따른다. 개인의 가치와 부족의 가치가 상충하는 매우 절망적인 조직 형태라고 할 수 있다.

2단계 부족의 형태는 다른 사람과 비교되는 자신의 인생에 대해 매우 비관적이다. 이 부족의 사람들은 생존을 위해 무수한 경쟁을 해야 한다는 것을 인정은 하지만 '내 인생은 실패야'라고 비관하거나 남에게 책임을 전가하며 적대감을 갖는다.

3단계 부족에는 '나는 잘났고, 너는 아니야. 나는 너의 위로 올라설 거야'라고 소리치는 사람들이 모여 있다. 이 단계의 부족 안에서는 협업이 이루어질 수 없다. 데이비드 로건은 엘리베이터에 함께 탄 의사들의 에피소드로 3단계 부족원들이 얼마나 서로 잘난 척을 하고 이기적으로 생각하는지를 묘사한다. 세 명의 의사는

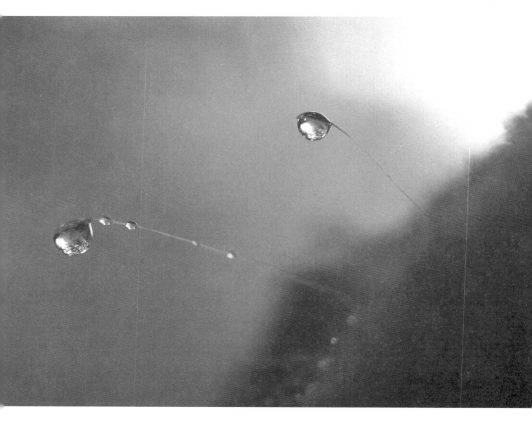

관계 확장과 소통으로 세상을 변화시킬 수 있다.

겉으로는 서로 웃으며 등을 두들겨주지만 속으로는 '나만 살고 보자', '나는 잘났지만, 너는 아니다'라고 생각하고 있다.

4단계는 혁신을 이룰 수 있는 도전적인 부족의 형태라고 할 수 있다. 데이비드 로건은 3단계에서 4단계로 이동하는 데는 리더의 보이지 않는 힘이 작용한다고 강조한다. 이를 위해 라스베이거스에 있는 자포스 인터넷 신발 판매 회사의 사례를 들고 있다. 자포스는 이미 많은 사람들이 경영 성공 케이스로 삼는 회사다. 재미와 창의성을 중요시하는 CEO 토니 셰이는 직원들에게 늘 "괴짜가 돼라"고 강조한다. 이것이 바로 보이지 않는 힘이다. 부족 또는 조직이 공유한 하나의 가치가 자신과 부족의 발전을 이끌어내는 것이다. 4단계에서는 자신의 가치를 조직으로 확대할 수 있다. '나는 괜찮은 사람이야'가 '우리는 괜찮은 사람들이야'로 나아가는 것이다. 이 단계에서는 부족 간에 공유된 가치로 방해자를 흡수하거나 통합할 수도 있다. 다시 말해서, 개개인이 하나의 가치관으로 뭉쳐 그들을 통합시켜 주는 방법들을 모색한다면 각자의 능력보다 더 위대한 것을 이루어낼 수 있다는 것이다.

마지막 5단계의 부족에 대해 설명하기 위해 데이비드 로건은 간디나 마틴 루서 킹과 함께 인종 차별로 인한 오랜 분쟁을 불식시키고 평화를 찾은 남아프리카공화국의 예를 들었다. 많은 사람들이 남아프리카공화국이 평화를 찾을 수 있을지 의구심을 가졌지만 데스몬드 투투 주교 같은 지도자가 나타나 '진실과 화해'를 가치관으로 내세워 5단계를 확립했다. 수천, 수백만의 사람들로 구성된 부족 사회에서 모두를 하나로 결집시킬 수 있는 가장 소중한 가치를 찾아낸 것이다. 이는 매우 이상적인 부족의 단계라고 할 수 있다. 물론 2단계, 3단계, 4단계에 속한 사람들도 5단계로 가는 방법을 모색하고 지향할 수 있다.

데이비드 로건은 전체 부족의 2%만이 "삶은 엿 같아Life sucks"라고 말하는 1단계에 머무르고, 25%의 사람들은 "내 인생은 엿 같아My life sucks"라고 말하는 2단계에 머무르고, 48%는 "나는 위대하지만 넌 아니야I'm great, you're not"라고 말하는 3단계에서 매일 치고받으며 싸운다고 말한다. 또 전체의 22%는 4단계인 "우리는 위대해We're great"에 속하고, 남은 2%만이 5단계인 "인생은 위대해Life is great"에 속한다고 전한다. 5단계 부족이 되려면 리더가 모든 수준의 사람들과 소통할 수 있어야 하고, 사회 구성원 모두와 접촉할 수 있어야 한다. 모든 부족원의 이야기를 들을 수 있고 그들이 있는 곳으로 내려갈 수 있어야 한다. 그것이 리더가 갖춰야 할 가장 중요한 능력이며 부족원들을 가장 높은 5단계로 성장시킬 수 있는 힘이다.

관계의 확장과 소통도 바로 여기에서 비롯된다. 1단계, 2단계에 머무르지 않고 4단계, 5단계의 가치를 공유하며 부지런히 관계를 확장시키고 더 많은 사람과 소통하는 것이다. 데이비드 로건은 이러한 역사적인 경험을 해보고 싶다면 지금 당장 자신이 있는 곳에서 열심히 네트워킹을 맺어보라고 권한다. 단지 새로운 사람을 만나는 것이 아니라 인맥의 범위를 넓히고, 각자의 영향력을 확장시키라는 것이다. 단순히 타인을 자신과 연결시키는 것이 아니라, 타인과 타인이 속한 부족을 나의 부족들과 연결시키면 연관된 사람들의 가치가 동시에 상승한다고 확언한다. 즉, 1단계에서 2단계로, 3단계에서 4단계, 5단계로 충분히 발전할 수 있다는 것이다. 그렇게 함으로써 세상을 변화시킬 수 있는 힘을 가진 부족을 만들어낼 수 있다.

강연의 마무리에서 데이비드 로건은 청중에게 짧막하지만 인상적인 질문을 남긴다. "당신이 속한 부족은 세상을 변화시킬 수 있을까요?" 그 자리에 모인 청중이라면 누구라도 자극을 받을 만한 질문이다. 5단계의 가치를 내포한, 청중을 자극하고 움직일 만한 매혹적인 질문이 아닐 수 없다.

http://j.mp/e3Xt2r

매혹적인 요구
감사하다는 말의 파워

로라 트라이스_Laura Trice

로라 트라이스 박사는 미국에서 신경학을 전공하고 만족감 높이기, 자신감 키우기 등에 대한 상담과 코칭 전문가로 활약하고 있다.

칭찬, 감탄, 감사의 말을 하는 것이 얼마나 중요한지 아는가? TED 강연에서 로라 트라이스 박사는 감사하다는 말을 누군가에게 하고 싶었고, 자신도 감사의 말을 듣기를 바랐지만 몇 년 전까지만 해도 그런 생각을 발설하는 것이 부끄럽고 창피하게 느껴졌다고 고백했다. 그러던 어느 날 자기 자신에게 이런 질문을 던지게 되었다고 한다.

"나만 그런가?"

그녀는 재활 시설에서 일하면서 여러 종류의 중독 증세로 생사의 기로에 선 사람들을 만났는데, 이들을 대상으로 다양한 조사를 해보았다고 한다. 그런데 놀랍게도 조사 대상의 반 정도가 아버지로부터 칭찬의 말을 한 번도 듣지 못했다고 한다. 다른 가족이나 친척, 친구들에게는 그런 말을 종종 들었지만 아버지가 직접 그런 말을 해준 적은 없다는 것이다. 이 결과를 놓고 로라 트라이스 박사는 다시 그토록 절실하게 듣고 싶은 말을 해달라고 왜 요청하지

이제는
매혹적인 대화법이
이긴다

않는지에 대해 오랫동안 생각했다. 그리고 '감사하다'는 말도 직접 요청해야 한다는 결론에 이르렀다.

가령 남성들은 그들의 아내가 "나와 아이들이 집에서 잘 지낼 수 있게 직장에서 열심히 일해줘서 감사해요"라고 말해주길 기대하지만 누구도 상대방에게 그렇게 말해달라고 요청하지는 않는다. 감사하다는 말은 매우 흔하게 사용되는 말이지만 이 말 앞에서 많은 사람들이 솔직하지 못하다. 로라 트라이스 박사는 이 말 앞에서 보다 솔직해질 때 '감사하다는 말의 파워'를 느낄 수 있다고 주장한다.

우리는 왜 감사하다는 말을 해달라고 요청하지 못할까? 로라 트라이스 박사는 "내 스테이크를 절반만 익혀주세요"라든가, "6치수 신발을 가져다주세요"라는 말은 쉽게 하면서 "이러이러한 방식으로 저를 칭찬해 주실래요?"라고 말할 수 없음이 안타깝다고 말한다. 듣고 싶은 칭찬이 있다면 보다 정직해져야 한다. 로라 트라이스 박사는 어떤 칭찬의 말을 듣고 싶은지 아내나 남편에게 직접 물어보라고 권한다. 그런 다음 주변 사람들에게도 칭찬이 듣고 싶으면 당당하게 요청하도록 독려한다.

한 지붕 아래 사는 가족끼리 소통이 잘 이루어지고, 이웃이나 주변 사람들과 소통이 먼저 이루어져야 세계 평화도 이룰 수 있다. 즉, 세계 평화는 우리 집 마당에서부터 먼저 만들어내야 한다. 방법은 간단하다. 듣고 싶은 칭찬의 말을 해달라고 요청하자.

　로라 트라이스 박사의 말투는 매우 온화하면서도 솔직하고 적극적이다. 하지만 그녀의 말에는 우리 자신과 이웃, 세계를 향한 '선하고도 강한 메시지'가 들어 있다. 감사하다, 사랑한다, 고맙다 등의 작은 표현 하나로도 사람의 마음을 움직여 서로 마음이 통하고 평화로운 공존이 가능한 세상을 만들 수 있다는 것이다. 일상적이지만 분명한 메시지가 담겨 있어 듣는 사람들의 뇌리에 깊이 남는 말이 아닐 수 없다. 쉽게 행동으로 옮길 수 있도록 이끄는 매혹적인 말이다. 고작 3분여에 이르는 짧은 시간 동안 그녀는 많은 사람들의 마음에 강한 울림을 전해주었다.

http://j.mp/gzCGXD

매혹의 핵심
신념이 마음을 움직인다
사이먼 시넥_Simon Sinek

사이먼 시넥은 광고업으로 사회생활을 시작해 리더십 훈련 전문 가가 되었다. 그의 저서《Start with Why 나는 왜 이 일을 하는가》는 전 세계의 수많은 리더십 코치들이 리더십 커뮤니케이션 교재로 사 용하고 있다. 그는 현재 '설득력 훈련'으로 전 세계를 누비며 많은 훈련과 코칭, 컨설팅을 수행하고 있다.

사이먼 시넥은 강연을 통해 매혹적인 대화의 본질을 설명한다. 그는 사람들의 마음을 움직이는 '신념'에 대해 이야기한다. 왜 애 플은 그렇게 창조적인 것일까? 왜 애플은 혁신의 아이콘으로 불리 는가? 마틴 루서 킹은 어떻게 인권 운동을 성공시켰을까? 왜 그의 이름이 역사에 남아 전해지는가? 이러한 의문이야말로 바로 매혹 적인 대화의 본질이 무엇인지를 캐묻는 말이라고 할 수 있다.

사이먼 시넥은 약 4년 반 전에 그 이유를 알아냈다고 한다. 즉, 세계적으로 훌륭하고 영감을 주는 리더나 단체들은 애플이 됐건, 마틴 루서 킹이 됐건, 생각하고 행동하며 소통하는 데 그들만의 전 형적인 패턴이 있더라는 것이다. 그들의 소통 방법은 일반 사람들 과 완전히 반대로 움직이는 것이다.

사이먼 시넥은 먼저 애플을 예로 들었다. 애플이 다른 기업과 같았다면 그들의 마케팅 메시지는 "우리는 훌륭한 휴대전화를 만들었습니다. 매우 아름다운 디자인에, 사용법도 간편합니다. 구입하고 싶죠?"라는 패턴을 답습했을 것이다. 솔직히 대부분이 이런 방식으로 커뮤니케이션을 하고 있다. 사이먼 시넥 또한 다른 많은 회사들이 그러한 패턴으로 마케팅과 커뮤니케이션을 시도하고 있음을 지적한다. 이러 방식의 마케팅은 소비자들을 매혹시키지 못하고 어떠한 영감도 주지 못한다.

이에 반해 애플의 커뮤니케이션 방식은 "우리는 기존의 현상에 도전하고, 다르게 생각하려고 노력합니다. 기존의 현상에 도전하는 우리의 방식은 제품을 아름답게 디자인하며, 사용법이 간단하고 편리하도록 만드는 것입니다. 우리는 방금 훌륭한 컴퓨터를 만들었습니다. 구입하고 싶으십니까?"이다. 잘 들어보면 "좋은 컴퓨터가 준비되었습니다. 구입하지 않겠습니까?"라는 말에서 정보의 순서만 뒤집어놓았을 뿐인데 사람들이 폭발적으로 반응하고, 매혹당한다는 것이다.

사이먼 시넥은 여기서 다시 질문을 던진다. 만약 당신이 현재 하고 있는 일을 왜 해야 하는지 모르는데, 하물며 다른 사람들이 당신이 하는 일에 대해 반응하겠는가? 어떻게 해야 사람들이 당신에게 표를 던지고, 당신의 제품을 구매하고, 혹은 보다 더 충성스럽게 당신이 하고 있는 일에 참여하겠는가? 우리는 우리가 가지고 있는 것을 필요로 하는 사람들에게 파는 것이 아니다. 우리가 믿고 있는 것을 함께 믿어주는 사람들에게 팔아야 하는 것이다. 직원을 고용할 때도 마찬가지다. 단지 직업을 필요로 하는 사람을 고용하는 것이 아니라 자신이 믿고 있는 것을 믿어주는 사람들을 고용해야 회사 일에 기꺼이 자발적으로 헌신할 수 있는 직원을 선택할 수 있다. 단지 일을 처리할 능력만 보고 직원을 채용하면 그들은 돈을 위해 일을 할 것이다. 하지만 자신이 믿고 있는 것을 함께 믿는 사람들을 고용한다면, 그들은 열과 성의와 땀으로 헌신할 것이다.

사이먼 시넥은 이를 구체적으로 설명하기 위해서 라이트 형제 Wright brothers의 일화를 예로 들었다. 대부분의 CEO들은 자본 부족, 직원들의 능력 부족 등을 이유로 어려움에 처한다. 그러나 라이트 형제와 같은 시기에 비행기를 발명한 새뮤얼 피어폰트 랭글리Samuel Pierpont Langley와 라이트 형제를 비교해 보면 그런 이유는 핑계에 불과하다는 것을 알 수 있다. 랭글리는 비행기 발명 기금으로 미 육군성에서 5만 달러를 지원받아 자금이 풍부했다. 하버드 대학 학위도 있었고, 스미스소니언학술 협회에서 일해 인맥도 좋았다. 그는 팀을 위해 최고의 인재들을 고용할 수 있었다. 〈뉴욕 타임스〉에서는 그가 하는 일을 낱낱이 취재하여 대서특필했다. 그 덕분에 많은 사람들이 랭글리를 지지했다. 그런데 어째서 오늘날의

이끄는 사람은 다른 사람들에게 영감을 준다.

우리는 그 사람에 관해 아는 것이 없을까? 같은 시기에 그곳에서 100여 마일 떨어진 오하이오 데이턴에 오빌, 윌버 라이트 형제가 있었다. 우리는 그들을 기억하고 있다. 자전거 가게를 하던 라이트 형제에게는 비행기를 만들 만한 큰 자금이 없었다. 단지 비행기를 발명하기만 하면 세계 역사를 바꾸어놓을 수 있다는 꿈만 있었다.

랭글리는 두 사람과 많이 달랐다. 그는 부유해지고 유명해지려는 목적으로 비행기를 만들었다. 과정보다 결과를 추구한 것이다. 라이트 형제의 꿈이 그들과 같은 꿈을 가진 사람들에게 열과 성의를 다해 헌신적으로 비행기 만드는 일을 돕도록 했다면, 랭글리의 직원들은 월급봉투를 위해 일했다고 할 수 있다. 1903년 12월 17일, 라이트 형제는 비행에 성공했고, 랭글리는 라이트 형제가 비행에 성공하던 날 그 일을 그만둘 수밖에 없었다.

사이먼 시넥은 같은 맥락에서 마틴 루서 킹의 사례도 인용했다. 1963년 여름 25만 명의 사람들이 워싱턴의 한 쇼핑몰 앞 광장으로 몰려들었다. 킹 목사의 연설을 듣기 위해서였다. 초대장도, 날짜를 확인할 수 있는 웹사이트도 없는 시대에 어떻게 이 많은 사람이 한자리에 모일 수 있었는가. 킹 목사는 자신의 신념을 이야기했을 뿐이다.

"나는 믿습니다, 믿습니다, 믿습니다."

놀라운 사실은 킹 목사의 신념을 믿은 사람들은 그의 믿음을 자신의 것으로 만들고, 자기가 아는 사람들에게 전파하고, 몇몇 사람들은 더 많은 사람들에게 전달하기 위해 조직까지 만들었다는 것이다. 그리고 25만 명의 사람들이 바로 그날 그 시간에 킹 목사의 연설을 듣기 위해 그 광장으로 나왔다. 한 사람이 가진 신념이 미치는 영향력을 설명할 수 있는 가장 인상 깊은 일화라고 할 수 있다.

사이먼 시넥은 강연을 마무리 지으며, 세상에는 리더와 이끄는 사람들이 있음을 다시 강조했다. 리더는 힘 혹은 권위를 쥐고 있다. 하지만 이끄는 사람은 사람들에게 영감을 준다. 우리가 그들을 따르는 것은 의무 때문이 아니라 바람 때문이다. 그들을 위해서가 아니라 우리 스스로를 위해서 자발적으로 움직이는 것이다.

'신념'으로 사람들을 매혹하는 것은 매혹의 기제 중에서도 '욕망', '희망', '신뢰'의 저변을 깊이 자극하는 요소일 것이다. 이제 스스로에게 물어보자. 나는 왜 이 일을 하고 싶은가? 나는 이 일을 하는 데 어떠한 신념을 가지고 임하는가? 나의 신념으로 다른 사람들의 마음을 움직일 수 있을 것인가? '왜'로 시작하는 사람들은 자신뿐만 아니라 주변 사람들에게도 깊은 영감을 불러일으킬 수 있을 것이다.

http://j.mp/gcRLYY

이제는
매혹적인 대화법이
이긴다

매혹적인 스리쿠션
간단하게 Yes를 이끌어내는 방법

월리엄 유리_William Ury

인류학자인 월리엄 유리는 하버드 대학교 협상학 프로그램을 만들어서 직접 강의도 하고 30년 넘게 국가와 기업을 대상으로 한 협상 컨설턴트로 활동했다. 그는 《The Power of a Positive No: How to Say No And Still Get to Yes》등 협상에 관련한 책을 집필한 베스트셀러 작가이기도 하다. 이민족, 기업 갈등 컨설턴트로 일하는 동안 러시아와 체첸, 중동 등 국제 분쟁 문제 해결에도 여러 차례 관여했다. 협상에 관한 그의 강연은 매우 탁월하면서도 매혹적인 요소가 많아 여기에 소개하고자 한다.

월리엄 유리는 중동에 전래되는, 유명한 이야기로 강연을 시작했다. 열일곱 마리의 낙타를 유산으로 남긴 한 아버지의 이야기다. 아버지는 첫째에게는 전 재산의 반을, 둘째에게는 3분의 1을, 막내에게는 9분의 1을 가지라고 했다. 그러나 생각해 보면 17은 2로 나눠지지 않을뿐더러 3으로도, 9로도 나눠지지 않는다. 세 아들은 머리를 맞대고 협상을 시작했지만 서로 관계만 껄끄러워질 뿐 명쾌한 해결책이 나오지 않았다. 세 아들이 현명한 노파를 찾아가 의논하자, 노파는 자신의 낙타를 한 마리 내주며 문제를 해결해 보라고 했다. 열여덟 마리의 낙타로 각자의 몫을 계산하자 의외로 쉽게 문제가 해결되었다. 첫째는 열여덟 마리의 절반인 아홉 마리를 가져갔고, 둘째는 열여덟 마리의 3분의 1인 여섯 마리를, 막내는 열여덟 마리의 9분의 1인 두 마리를 가져갔다. 총 열일곱 마리였다. 낙타 한 마리가 남자, 세 아들은 현명한 노파에게 빌려온 낙타 한 마리를 다시 돌려주었다.

윌리엄 유리는 이것이 바로 어려운 협상의 실마리라고 말한다. 협상에서는 열일곱 마리의 낙타만으로는 해결책을 찾을 수가 없는 경우가 발생한다. 이때는 현명한 노파처럼 한 걸음 물러나 새로운 시각으로 상황을 살피고, 열여덟 번째 낙타를 찾아내야만 해결책이 나온다.

윌리엄 유리는 인류의 문제 또한 같은 맥락에서 이해하고 해결할 수 있다고 믿는다. 실제로 여러 국제적인 분쟁 속에서 그는 열여덟 번째 낙타를 찾는 데 일생을 보냈다고 해도 과언이 아니다. 인류는 모두가 한 가족이다. 과학적으로는 통신 혁명 덕분에 지구상에 있는 15,000여 종족이 서로 접촉할 수 있게 되었다. 대가족의 재결합인 것이다. 그러나 대가족이라고 해서 모두가 평화롭고 화목한 것은 아니다. 견해 차이로 인한 수많은 분쟁이 존재하고 있다. 이러한 견해 차이를 어떻게 좁힐 것인지에 대해 윌리엄 유리는 구체적으로 설명한다.

윌리엄 유리는 20년 전쯤 남아프리카의 한 분쟁국에서 일한 경험을 털어놓았다. 그곳에서 한 달 여간 지내다가 우연찮게 '부시먼 Bushman'과 시간을 보내며 그들이 어떻게 분쟁을 해결하는지 살펴볼 수 있었다고 한다. 수렵생활을 하는 부시먼들은 늘 독화살을 소지하고 다녔다. 그러나 부족 안에서 긴장감이 발생하면 그들은 독화살을 덤불에 숨겨놓고 협상이 끝날 때까지 모두 둥글게 둘러앉아 이야기를 나눈다. 며칠이 걸리든 합의점을 찾거나 화해가 이루어지기 전까지 대화를 멈추지 않는다. 그러고도 해결이 안 되면 냉정을 찾도록 누군가를 내보내 다른 친척들을 만나게 한다.

윌리엄 유리는 바로 이러한 시스템이 인류를 지금까지 존속시킨 시스템이라고 말한다. 바로 분쟁과 갈등을 감정에 휩싸인 당사자가 직접 해결하지 않고 제3자의 역할을 찾는 것이다. 분쟁에는 항상 양측이 존재한다. 아랍 대 이스라엘, 노동자 대 경영진, 남편 대 아내, 공화당 대 민주당처럼 말이다. 그리고 그 주변에 언제나 제3자가 존재한다. 이들이 문제를 해결하는 열여덟 번째 낙타인 셈이다.

윌리엄 유리는 오랜 경험으로 제3자를 찾는 일이 어렵지 않다고 강조한다. 우리들, 즉 주변의 공동체, 친구, 협력자, 가족, 이웃들이 얼마든지 제3자가 될 수 있다.

그렇다면 제3자는 무엇을 해야 하는가? 분쟁의 당사자들에게 정말 위태로운 것이 무엇인지 일깨워주는 일을 한다. 아이들, 가족들, 공동체, 미래를 위해서 잠시 동안 감정적인 싸움을 멈추고 대화를 시작하도록 이끌어준다.

사람들은 본질적으로 분쟁에 휘말리면 균형감을 잃거나 반발하기 쉽다. 심지어 윌리엄 유리는 인류를 '반발하는 기계'라고 표현한다. 그래서 자신은 협상에 나설 때마다 반발을 막아주는 제3자의 역할을 잊지 않으려고 노력한다고 한다. 일촉즉발의 순간에는 저도 모르게 반발심이 일고 흥분을 할 수 있다. 그때마다 애써 마음을 누르고 그 자리에 꼭 필요한 제3자부터 찾아야 한다. 그것이 윌리엄 유리가 해결이 불가능해 보이는 분쟁 지역에서 양측의 대화를 본궤도로 가져오고 모두가 만족할 만한 협상을 이끌어내는 비결이라고 한다. 해결되지 않는 분쟁은 없다. 쉽지는 않지만 항상 해결은 가능하다. 제3자를 취하는가, 취하지 않는가. 우리가 제3자로서의 역할을 수행할 수 있는가, 그렇지 않은가. 작은 부분에서도 제3자를 구하고, 다른 문화, 다른 나라, 다른 민족, 다른 어떤 것들을 가진 사람들에게 다가가서 대화를 하고 그들의 말을 들어보면 모든 분쟁이 풀리게 되어 있다. 갈등과 분쟁이 고조되었을 때는 직접 해결하지 않고 제3자에게 역할을 맡기는 것이 현명하다. 이것이 윌리엄 유리의 신념이다.

부득이 자식에게 매를 들어야 할 때, 부하 직원을 야단쳐야 할 때, 배우자의 행동을 바로잡아야 할 때도 직접 말하는 것이 효과적이지 않으면 좋지 않은 감정을 지닌 채 직접 처리하지 말고 중재를 맡을 제3자를 찾아내 해결을 맡기는 것이 좋다. 이것 또한 상대와 나의 관계를 보다 현명하게 유지할 수 있는 매혹적인 대화의 한 방법이다.

http://j.mp/el5BRX

5장

매혹적인 VS
매혹적이지 않은

fascination

|

내 이야기를 먼저 꺼낸다

타인의 마음을 움직이려면 내 신상을 먼저 공개하고 진술해져야 한다. 나에 대해 알리지 않으면 상대는 경계심을 늦추지 않으며 절대 마음을 열지 않는다. 아무리 오랫동안 빈번하게 만난다 하더라도 의례적으로 겉도는 대화만 하기 쉽다.

타인의 문화에 대해 긍정적인 언급을 먼저 한다

사람마다 서로 다른 문화권에서 성장한다. 문화는 공감대의 바탕이며 동질감의 원형이다. 문화의 이해는 대화의 필수 조건이다. 대화에 성공하려면 타문화를 이해하는 관용적 태도를 가져야 한다. 구세대는 신세대의 버릇없음을 문화적 맥락에서 이해해야 대화가 시작된다. 신세대는 격동의 세월을 지나면서 생긴 구세대의 불안을 이해해야 대화가 된다. 여성은 남성의 서열 중심 문화를, 남성은 여성의 민감한 감정 문화를 이해해야 대화가 된다. 서양인은 동양의 예절 문화를, 동양인은 서양의 페어플레이 문화를 이해해야 대화가 된다. 아프리카인과 중동 등 이슬람 문화권의 풍습을 긍정적으로 볼 줄 알아야 그들과 대화가 된다. 문화 차이를 뛰어넘어

국경 없이 전 세계 사람들과 대화할 수 있는 소셜 미디어 시대, 타인의 문화를 항상 긍정적으로 언급하며 대화를 시작해야 더 많은 사람과 소통할 수 있다.

나만의 대화 콘텐츠를 만든다

가급적 내가 아니면 들려줄 수 없는 콘텐츠를 만든다. 나만의 경험, 나만의 노하우가 누군가에게 새로운 인생길을 열어줄 수 있다는 행복한 생각으로 살면 대화 소재가 풍성해진다. 남다른 관점으로 세상을 보고, 남다른 경험을 쌓고, 남다른 분야의 책을 많이 읽으면 자신만의 남다른 콘텐츠가 생긴다. 영화, 공연, 전시회 등을 많이 접하고, 친구들도 많이 사귀면 좋다. 남다른 취미 및 봉사활동을 해도 남다른 콘텐츠가 만들어진다. 공지영 씨가 지리산 학교를 찾아다니다가 그곳을 소개한 것, 이외수 씨가 춘천 인근에 있는 감성 마을에 살면서 만드는 이야기를 참고하면 '나만의 콘텐츠 만들기'에 대한 이해가 더욱 쉬울 것이다.

사소한 용어도 신중히 선택한다

말 한마디로 천 냥 빚을 갚을 뿐만 아니라 인생을 새로 살 수도 있다. 반면에 말 한마디로 평생 쌓은 명성을 쓰레기통에 버릴 수도 있다. 10년 지기를 원수로 돌아서게 할 수도 있다. 사소한 용어 하나를 소홀하게 선택했다가 결과의 차이가 엄청날 수 있다. 잘못 선택한 용어는 수백 가지로 해석될 수 있다. 항상 적확한 용어, 긍정적 의미의 용어, 비의도적으로 누군가를 겨냥하지 않는 용어를 선택하여 사용한다면 일상에서든, 소셜 미디어에서든 항상 돋보이는 나를 만날 수 있다.

반드시 대화 매너를 지킨다

대화는 서로 약속된 규칙을 지키며 게임을 하는 스포츠와 같다. 스포츠에서 규칙이 지켜져야 평화롭게 승부를 가릴 수 있듯 대화도 규칙을 지켜야 분쟁 없이 끝을 맺을 수 있다. 남의 말에 함부로 끼어들지 않기, 나만의 주관을 강요하지 않기, 이기적인 목적을 드러낸 긴 글이나 말로 남에게 스트레스 주지 않기, 말하는 시간을 공평하게 주고받기, 상대방 말이나 행동을 미리 상상하거나 예단하지 않기 등이 지켜져야 오프라인이나 온라인 대화가 규칙을 지킨 페어플레이 운동 경기처럼 성공적으로 오갈 수 있다.

언어의 생물적 본성을 이해한다

언어는 살아 움직이는 생물이다. 새로운 언어가 등장하고 낡은 언어는 소멸된다. 강추, 차도녀, 종결자 등의 수많은 신조어들이 쏟아져 나온다. 신조어를 품위 없다고 비난만 할 것이 아니라 이제는

타인의 문화에 대한 이해는 대화의 필수 요건이다.

살아 움직이는 생물적 언어 본성으로 이해해야 한다. 경우에 따라서는 신조어를 적절히 사용하며 분위기를 띄울 수도 있고 젊은 세대와 공감대를 형성할 수도 있다.

위축되지 않고 당당하게 말한다

글로벌 시대를 맞아 외국인들과 소통하려면 자기 생각을 영어로 말하고 쓸 정도의 실력은 있어야 한다. 그러나 완벽한 영어가 필요한 것은 아니다. 사진을 동원하면 짧고 간단한 영어로도 얼마든지 영어 소통이 가능하다. 외국어 사용에 조금만 뻔뻔해지면 간단한 영어로도 얼마든지 의사소통을 할 수 있다. 영어 교육을 열심히 받고도 영어 울렁증이 심하다면 지나친 완벽주의자일 것이다. 비단 영어뿐만이 아니다. 처음 참석한 모임, 처음 만나는 사람 앞에서도 위축될 필요는 없다. 자신이 잘 모르는 새로운 정보를 접했을 때도 적극적으로 관심을 보이는 것이 좋다. 다소 뻔뻔한 용기를 가진 사람이 더욱 현명할 뿐 아니라 지평 또한 넓어진다.

|

원색적 표현을 한다

사람은 감정의 동물이다. 부정적 감정은 동물적 공격성을 자극한다. 이를 다스리지 못하면 치명적인 상처를 준 후에 자멸하게 되는 것이다. 사람의 감정은 자극을 받으면 점점 부풀어지는 속성이 있다. 특히 원색적인 언어 표현은 매우 자극적이다. 원색적인 표현은 어떤 대화나 어떤 관계도 다 무너뜨린다. 말이 준 상처는 치유가 어렵다. 원색적 표현은 두고두고 머리에 남아 있다. 갈등을 일으키고 대화를 단절시킨다. 결국 관계의 단절을 가져온다. 인간을 동물과 구분할 수 있는 것 중 하나가 감정을 다스릴 수 있다는 점이다. 그러나 원색적인 표현은 인간적인 품성을 동물적 본성으로 바꾸어놓는다. 어떤 감정에도 원색적인 표현만은 삼가야 대화와 관계의 단절이 없는 행복한 인생을 열 수 있다.

내 비밀을 타인이 휘두르게 한다

사람마다 크고 작은 비밀이 있다. 누설을 원치 않는 비밀을 타인에게 들키면 약점이 된다. 그러나 비밀을 스스로 밝힘으로써 자유로움을 누릴 수도 있다. 일례로 오프라 윈프리는 어릴 때 아버지에게 성폭행을 당한 비밀을 직접 밝힘으로써 스스로 고통에서 벗어날 수 있었고, 고통당하는 많은 이들에게 용기를 줄 수 있었다. 엄청난 비밀도 내가 밝히면 솔직한 사람이 되지만 남이 밝히면 약점이 된다. 웬만한 비밀은 스스로 밝혀 남이 내 비밀을 약점으로 쥐고 흔들지 못하게 하는 용기가 필요하다.

남의 눈치를 보며 말한다

남의 눈 때문에 하고 못 하는 것이 많다. 번듯한 직장, 남들이 알아주는 사업은 자랑할 수 있지만 내가 좋아하는 일을 남들이 알아주지 않을 때는 현실적인 제약이 많다. 이러한 삶의 반복은 자기학대로 발전하기 쉽다. 말은 마음의 발현이기에 자신을 낮추는 말은 자신감도 함께 낮춘다. 할 말도 제대로 하지 못하고 웅얼거리게 만든다. 남의 눈이 아닌 내 마음의 소리에 따라 행동하고 선택해야 당당하게 말할 수 있다. 또 자신을 있는 그대로 사랑하고 존중할 수 있다. 그러나 타인의 기준으로 내 행동과 생각을 판단하면 당당하게 말할 수 없다.

사소한 결정도 본인 위주로 내린다

대화는 말이 아닌 마음을 주고받는 행위다. 일방적 통보는 대화가 아니다. 명령, 지시에 속한다. 대화 상대가 마음의 문을 열고 속마

부정적이고 단정적인 표현은 대화를 단절한다.

음을 말할 분위기를 만든 후에 대화를 해야 대화가 성립된다. 여유를 가지고 대화 상대에게 결정적인 권한을 넘겨주는 것도 상대의 마음을 열게 하는 비법이다. 이때 진정한 고수는 자신이 원하는 결론을 상대의 입에서 나오도록 이끌어낸다.

논쟁을 싸움으로 변질시킨다

논쟁 중일 때 논쟁 외적인 비난을 하면 괜한 말싸움으로 번지기 쉽다. 부정적 표현을 남발해도 말싸움으로 변질되고, 감정을 개입해도 갈등을 일으킨다. 과거사를 들먹이면 분노의 감정을 촉발한다. 논쟁은 감정을 배제하고 논쟁의 주제 자체만을 언급해야 바람직한 결과를 낳는다. 인신공격, 감정적 폭언, 비본질적 언급은 논쟁을 소모적인 말싸움으로 변화시키기 때문에 절대적으로 피해야한다. 격조 높은 논쟁은 사람과 발언을 분리할 수 있을 때 가능하다. 논쟁은 항상 팽팽한 반대 의견을 주고받는다. 반대 의견과 불쾌감 표현은 다르다. 논쟁은 논쟁으로만 끝내야 한다.

의견이나 신념을 나타내기 위해 단정적 표현을 한다

사람마다 얼굴이 다르듯 견해도 다르다. 내 의견을 일반화해서 단정적으로 통보하면 의견 충돌로 이어진다. 간섭이나 비난은 내 생각을 일반화하고 기준점으로 삼은 결과다. 종교적 강요, 정치적 견해 주입을 위해 단정적인 표현을 사용하는 사람들이 많다. 이 경우 곧 대화가 끊기고 갈등으로 변질돼 관계도 끊기게 한다. 내가 이렇게 했으니 너도 이렇게 해야 한다는 식의 단정적 표현은 어디에서도 통하지 않는다. 나와 생각하거나 행하는 방법이 다르지만 그럴 수도 있다는 수용적 태도가 대화의 성공 비결이다.

대화 중 스마트폰을 계속 들여다본다

휴대전화가 스마트폰으로 진화하면서 그 안에 온갖 재밋거리가 생겼다. 대화 중에 새로 산 휴대전화 애플리케이션을 뒤지거나 검색하는 사람들도 늘었다. 대화 중에 스마트폰에 집중하면 상대는 무시당한다는 모욕감을 느낀다. 상대의 말에 귀 기울이는 태도가 상대를 존중하는 태도다. 급한 일도 아닌데 대화 중에 휴대전화를 만지작거리거나 들여다보면 상대방에게는 '나를 무시한다', '나를 우습게 여긴다'의 부가적 의미를 부여하게 만들어 관계의 단절을 가져온다. 대화 중 휴대전화 사용은 양해를 구한 다음 극히 제한적으로 사용하는 태도를 가져야 한다.

노골적으로 자기 홍보를 한다

소셜 미디어를 홍보 도구로 사용하려는 사람들이 많다. 홍보는 더 많은 사람들에게 나의 존재와 내가 팔려는 물건을 알리는 것이다.

소셜 미디어 사용 인구가 급증하면서 이를 통한 홍보 효과도 놀라울 정도다. 그러나 노골적 자기 홍보는 거부감부터 생기기 쉽다. 남의 자랑을 들어주는 데도 한계가 있다. 일반적인 자리에서 대화를 나눌 때도 노골적인 자기 홍보는 주의해야 한다. 우선은 신뢰부터 쌓아야 내가 가진 것을 더 효과적으로 홍보할 수 있다. 신뢰를 쌓기 위해 상대에게 필요한 정보를 조건 없이 제공할 줄도 알아야 한다.

대화가 인생의 성공과 실패, 행복과 불행을 좌우한다는 사실을 아는 사람들은 참 많아졌다. 그러나 대화를 어떻게 해야 잘하는 것인지, 왜 남들은 말로 타인의 마음을 금세 매혹하는데 나는 그럴 수 없는지 등의 의문이 풀리지 않은 사람들이 많다. 그러나 이 책을 읽고 "아하! 매혹적으로 말하는 것이 그리 어려운 것이 아니네"라고 무릎을 친 사람들도 많을 것이다. 문제는 실행이다. 마음속으로는 당장이라도 만나는 모든 사람들을 내 편으로 만들 수 있겠지만 실천이 없으면 절대로 그렇게 될 리가 없다. 적어도 이 책에서 소개된 방법 중에서 단 한 가지만이라도 골라 실천을 해야 책 읽고 무릎을 친 보람이 생긴다.

우리 동네에 재즈 색소폰 학원이 생겼다. 사무실 집중 지역에서 가까워 꽤나 많은 직장인들이 점심시간을 이용해 색소폰을 배우려고 드나들고 있다. 한번은 두 직장인의 대화를 엿듣게 되었다. 아마도 한 사람이 동료를 설득해 같이 다니는 모양이었다. 먼저 제안한 사람이 "악기는 집에서 연습 안 하면 다 소용없어. 그래서 나도 하나 샀어"라고 말했다. 상대는 약간 부담을 느끼는 표정으로 별 코멘트 없이 그의 말을 듣고만 있었다. 나는 그 동료가 틀림없이 악기 배우기를 곧 포기할 것이라고 예견했다. 악기를 사지 않고 대강 학원에 다니며 연주법만 배우고는 "친구는 실력이 느는데 나는 이게 뭐야"라고 실망하고 포기할 것이 빤해 보여서였다.

마찬가지로 이 책을 다 읽고 나서 실천하지 않으면 "매혹적인 대화가 그리 쉬운가?" 하면서 책을 덮는 순간 내용을 다 잊게 된다. 그런 식으로는 수십 권의 책을 읽고 수십 명과 대화를 나누어도 대화 능력이 향상되지 않는다.

사실 매혹적인 대화의 테크닉은 삶의 질을 가장 직접적으로 좌우하는 도구다. 부디 이 좋은 도구를 잘 갈아서 당신의 것으로 만들고 매혹적인 인생의 달콤한 맛을 꼭 맛보시기 바란다. 생각이 삶이듯, 말도 곧 삶이다.

왜 그 사람의 말은 행동하게 할까?

이제는 매혹적인
대화법이 이긴다

초판 1쇄 인쇄 2014년 4월 11일
초판 1쇄 발행 2014년 4월 16일

지은이 | 이정숙
펴낸이 | 한순 이희섭
펴낸곳 | 나무생각
편집 | 양미애 양예주
디자인 | 김서영
마케팅 | 박용상 이재석
출판등록 | 1998년 4월 14일 제13-529호
주소 | 서울특별시 마포구 월드컵로 70-4(서교동) 1F
전화 | 02)334-3339, 3308, 3361
팩스 | 02)334-3318
이메일 | tree3339@hanmail.net
홈페이지 | www.namubook.co.kr
트위터 ID | @namubook

ISBN 978-89-5937-358-1 03320